产业地产视域下的
中国通用航空产业园规划研究

中航长沙设计研究院有限公司 著

中国建筑工业出版社

图书在版编目（CIP）数据

产业地产视域下的中国通用航空产业园规划研究 / 中航长沙设计研究院有限公司著.— 北京：中国建筑工业出版社，2017.7

ISBN 978-7-112-20800-5

Ⅰ.①产… Ⅱ.①中… Ⅲ.①民用航空－工业园区－城市规划－研究－中国 Ⅳ.①F562 ②TU984.13

中国版本图书馆CIP数据核字（2017）第115017号

本书是一部关于通用航空产业园规划设计方面的专著，首先对通用航空、通用航空产业园以及产业地产的基本情况进行了简要论述；然后从产业集聚的角度，对通航产业园产业布局的合理性进行跟踪、评估并探索了通航产业园区内的整体规划；最后在产业布局评价指标体系的基础上，按照产业园规划的时序并结合实际工程案例，从前期发展战略制定、产业选择定位，到中期园区空间的布局，再到后期的管理运营分别进行了探讨。

本书可供建筑规划设计人员、通用航空产业园开发建设单位及有关专业师生参考。

责任编辑：许顺法　陈　桦

责任校对：李美娜　姜小莲

产业地产视域下的中国通用航空产业园规划研究

中航长沙设计研究院有限公司　著

*

中国建筑工业出版社出版、发行（北京海淀三里河路9号）

各地新华书店、建筑书店经销

北京京点图文设计有限公司制版

北京方嘉彩色印刷有限责任公司印刷

*

开本：787×1092毫米　1/16　印张：11¾　字数：234千字

2017年9月第一版　2017年9月第一次印刷

定价：88.00元

ISBN 978-7-112-20800-5

（30459）

本书编委会

主　　编：李　磊　何志军（主要执笔）

副 主 编：黄春晖　彭健辉　李志勇　汪　勇　胡　雯

参编人员：刘惊虎　彭彤勇　朱　明　蒋　华　肖　炜

刘　武　张　斌　杨希思　阳　曼　陈　娟

龚　蓉　彭婧萌　李耕陶　文琼湘　李志伟

前 言

21 世纪将是中国经济持续快速发展的时代，也是社会全面发展，实现现代化的时代。通用航空作为一种先进的交通工具和技术手段，在经济和社会发展中将发挥越来越重要的作用。长期以来，中国通用航空产业落后于欧美发达国家，与快速发展的公共运输航空相比，发展相对滞后，目前还尚属萌芽阶段。在国家的政策层面上，中国通用航空的发展已提上了议事日程。

在中国的通用航空产业即将迎来爆发式发展的大背景下，通用航空产业园，简称通航产业园，以规划的通用航空产业园区为依托，包括总部基地、通航商旅飞行、通航 FBO 运营、MRO 运营、飞行培训、飞行器展示中心、航空物流、航空展览、航空救援等项目和飞行器组装改装等业务，集原材料供应、零部件制造、整机组装、机场运营、飞行培训等多元化于一体的通用航空产业基地应运而生，旨在促进通用航空及相关产业健康、持续地发展。

通航产业园依附于通航机场，作为产业地产的一种类型，其本质上是临空产业地产。随着住宅市场调控的“常态化”，传统住宅开发进入低利润增长期，市场环境使得产业地产成为下一个投资热点，国内品牌开发商也纷纷涉足，前景看好。产业作为产业地产的核心语汇，产业定位、布局与发展是产业地产的核心任务。

笔者认为将以发展产业为核心的产业地产与为促进通用航空及其相关产业发展的通航产业园两个概念联系起来是必要的，两者根本、源头以及最终目标的制定是统一的，从而弄明白在产业地产视域下通航产业园为何发展？何为发展？如何发展？如何可持续发展等等一系列问题。

本书分为 3 部分：认知篇、指标篇、规划篇，共 10 个章节。认知篇解答为何发展；指标篇构建产业布局评价指标体系，解答何为发展；规划篇则在具体规划设计实践层面解答如何发展与如何可持续发展的问题。以下为本书的具体内容：

第一部分认知篇，分 3 个章节分别简单介绍了通用航空、通航产业园以及产业地产的基本情况。

第 1 章介绍了通用航空的概念、特点、作用、发展进程、行业发展情况（资源要素、市场规模、技术服务、人力资源、资本投入）、产业链以及存在的问题，普及了通用航空的相关知识，为接下来阐述通航产业园的内容、目标做铺垫。

第 2 章借用空港经济区明确了通航产业园的概念，介绍了产业园的构成、分类、发展进程、发展模式、发展现状及其竞争力因素。认为产业聚集是产业园竞争力的重要体现，产业布局是产业园规划的工作重点。

第 3 章介绍了产业地产的概念、发展历程、类型、开发模式与特征、存在的问题和策略。认为产业地产开发的关键有四点：在发展战略层面需解读把握政策，在发展定位层面需甄选产业类型，在空间规划层面需多层面控制，在后期运营方面需实现产业增值。这四点将指导第三部分即通航产业园在产业地产框架内的规划篇的探讨。

第二部分指标篇，在分析通航产业园重要的竞争力因素基础上，从产业集聚的角度，选择合适的评价方法对通航产业园的产业布局进行跟踪、评估，指导通航产业园区内的整体规划实践工作。共分为 3 个章节：

第 4 章在通航产业园产业布局影响因素分析的基础上，构建了产业布局评价指标体系，分为园区基础条件、产业聚集、生态环境、知识技术、资金政策 5 个一级指标，32 个二级指标。

第 5 章结合已建立的指标体系，基于 AHP（层次分析法）的评价过程，依次介绍利用 Super Decision 软件计算各级指标的权重，以及对指标赋值，进行加权计算的具体方法。

第 6 章算例分析，是在前两章的基础上，选取产业园 X 和通航产业园 Y 作为算例进行具体的计算，演示说明该评价指标体系的一些功能和效用，并对各级结果进行简单的检验与分析。

第三部分规划篇在产业布局评价指标体系的基础上按照产业园规划的时序，分 4 个章节从前期发展战略制定、产业选择定位到中期园区空间的布局再到后期的管理运营分别进行了探讨：

第 7 章发展战略，结合郑州通用航空试验区这个案例的具体情况，罗列了进行战略定位时需考虑的内外部发展环境因素，分析研究通航产业园建设的机遇和优势，困难和阻力，明确了战略目标及其功能定位，以上用于指导战略的选择并制定适宜的发展路径。

第 8 章产业定位，通过对株洲通用航空产业定位发展的研究，为通航产业园区产业定位、发展思路和方向策略提供经验借鉴，并制定了产业发展的分期目标和路线图，在操作层面上提出了具体的工作内容。

第 9 章空间布局，根据产业构成，明确规划目标与规划的重点，将通航产业园区的空间形态规划和控制分为宏观、中观、微观三个层面，选取了具有代表性的要素，结合具体案例荆门爱飞客镇，从产业空间布局、交通系统、景观与公共空间、建筑形态方面进行着重分析。

第 10 章明确了通航产业园后期运营管理的基本原则，试图建立通航产业园产学研协同管理的创新模式，明确了政府、高校与科研院所、通航及相关企业、中介及金融机构的作用和角色，在此基础上提出了创新圈层模式并模拟了各圈层空间组织关系，以求推动我国通航产业与园区的可持续发展。

本书的研究路径见图前 -1。

笔者作为规划师、实践者、航空人，由于日常工作比较繁忙，写作本书只能忙里偷闲、见缝插针，书中有很多方面有待进一步调研、探讨。本书希望从产业地产这个全新视角探讨通航产业与园区发展的思路，通过解答以上的若干问题，为我国通航产业园区的规划建设抛砖引玉。如有偏颇和不当之处，请各位专家与同行指正！

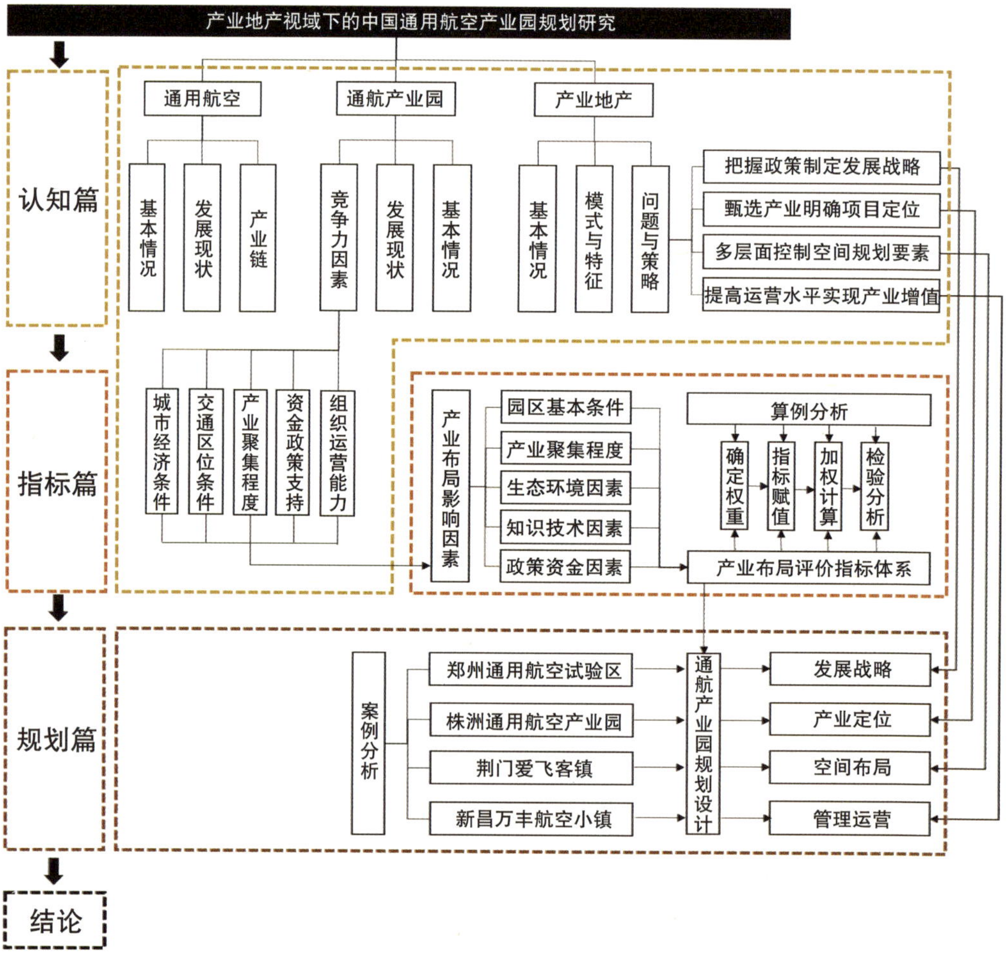

图前 -1　本书研究路径图

目 录

前 言

第二部分 指标篇

第三部分 规划篇

绪 论

0.1 中国发展通用航空已迫在眉睫

我国交通运输的发展与国家经济的发展紧密相关。通用航空是民航运输业服务于国家经济社会发展的重要组成部分。长期以来，通用航空在促进工农业生产、科学研究、抢险救灾、应急救援等方面发挥了重要作用，但在我国其发展水平远远落后于世界其他国家，不能适应当前经济建设和社会发展的需要。由于我国低空空域没有完全开放，相关政策法规体制还不完善，加上基础设施和人力资源不健全，导致了通用航空发展相对于整个航空运输发展严重滞后，作业能力和规模长期停滞不前，队伍老化，后备力量严重缺乏，中国民航业无法平衡健康发展。

虽然目前我国通用航空发展比较落后，但国家相关部门已充分认识到发展通用航空的重要性，并制订了一系列鼓励通用航空发展的措施（表 0-1）。

我国制定的促进通用航空发展的措施列举 表0–1

时间	政策内容
2003.5	民航局出台《通用航空管理条例》，对通用航空涵盖范围、飞行空域使用审批和管理权限、实践做出了规定
2004.11	民航局颁布了《非经营性通用航空登记管理规定》，给我国通用航空产业的发展带来一道曙光
2009.4	内蒙古阿拉善盟通勤航空试点启动
2009.10	召开低空空域管理改革研讨会，明确将适时开放低空飞行区域
2009.12	国家出台了《关于加快通用航空发展的措施》，使我国通用航空产业的发展前景骤然明朗
2009.5	中国民航大学通用航空学院在天津成立，开展通用航空领域的高职、本科、研究生招生培养
2009.10	民航局正式批复西安航空基地通用航空产业园成为中国民航唯一的通用航空试点园区，通用航空产业园半径 20 公里，高度 2000 米
2010.9	《通用航空民用机场收费标准》正式实施，按照此标准，通用航空机场的收费标准将大幅降低至少 40%，其中停场费降低 50%
2010.10	我国首次设立国际级通用航空专业特色展会——中国国际通用航空大会
2010.11	国务院和中央军委共同印发了《关于深化我国低空空域管理改革的意见》，确定了深化低空空域管理改革的总体目标、阶段步骤和主要任务，对深化我国低空空域的管理改革做出了战略部署。与此同时，随着国家低空空域管理改革试点范围的逐步扩大，放开低空空域将从原来的长春、广州、海口扩大至整个东北和中南地区，以及唐山、西安、青岛、杭州、宁波和昆明 6 个分区，试点地区面积占全国陆地空域面积的 31.6%
2011.1	海南低空空域管理改革试飞启动
2012.7	国务院正式发布《关于促进民航业发展的若干意见》，加大低空空域管理改革的力度，大力发展通用航空；民航局出台《通用机场建设规范》，使通用航空机场的建设有章可循，打破了之前通航机场建设的制度性障碍

续表

时间	政策内容
2013.1	国务院办公厅《关于印发促进民航业发展重点工作分工方案的通知》，再次明确“大力发展通用航空，加快把通用航空培育成新的增长点”的目标
2013.11	中国人民解放军总参谋部和中国民航局联合下发了《通用航空飞行任务审批与管理规定》，进一步明确规范了通用航空飞行任务审批与管理的要求，简化了审批流程
2015.11	中共中央关于“十三五”的规划建议首次出现“通用航空”内容并将其与民航、铁路、公路并列
2016.4	国家发改委等 24 部门《关于印发促进消费带动转型升级行动方案的通知》将“加快培育通用航空消费市场”列入休闲旅游升级行动
2016.5	国务院印发《关于促进通用航空业发展指导意见》指出，到 2020 年，建成 500 个以上通用机场，基本实现地级以上城市拥有通用机场或兼顾通用航空服务的运输机场；通用航空器达到 5000 架以上，年飞行量 200 万小时以上，培育一批具有市场竞争力的通用航空企业；通用航空器研发制造水平和自主化率有较大提升，国产通用航空器在通用航空机队中的比例明显提高；通用航空业经济规模超过 1 万亿元

我国通用航空发展正面临着难得的机遇，整个通航产业势必迅猛发展，相关行业和企业有望迎来拐点，发展通用航空已迫在眉睫。作为民用航空的重要组成部分，通用航空是民航业实现产业升级，向高层次发展的重要基础，通用航空具有不可替代的作用和较强的互补性，尤其是直升机服务具有低空飞行、短途运输、机动性强、业务领域广泛等特点，在航空产业中具有不可替代的作用。通用航空直接为工农业生产和科研服务，保证了农林业生产和能源开发等重点建设的需要，特别是为绿化祖国大地和保护森林做出了重要贡献。我国旅游资源丰富，再加上我国民航市场目前主要集中在大中城市，在许多小城市、偏僻地区采用通用航空开拓市场是国际上的惯例。上述这些都为通用航空提供了广阔的市场。此外发展通用航空还可带动关联产业，诸如新材料、通信、电子、能源等众多相关高新技术产业的发展。

0.2 通航产业园的规划建设高潮到来

随着空域的逐步开放、机场开发和区域经济的共同发展，以机场为基础的通航产业园规划与建设逐渐成为热点。受经济增长的吸引和地方政绩的驱动，各地政府在发展临空经济上趋之若鹜，包括北京、上海、广州、重庆、天津、珠海、南京在内的国内 20 多个城市也陆续效仿发达国家的先进模式，各种工业区、物流园、商务区等等也如雨后春笋般“冒”了出来，可以说，通航产业园规划建设高潮已然到来。

地方政府和企业发展通用航空的热情高涨，低空经济已经成为当前的一个热点，不少地方政府看准了发展通航的好处，纷纷打造通航产业园，各地通用航空产业园建设如火如荼。各类企业也在向通航产业进军，在国内的军机和民机制造市场占据主要市场份额的中航工业集团，正在加速向通用航空市场拓展。

不少投资通航的企业希望通过通航产业园区的建设带动通航产业的发展。而各地政府也积极支持通航产业园的建设，在土地、财税等方面给予了一系列优惠政策，甚至给予适量的财政补贴，希望通过发展通航产业带动当地经济的快速发展。通用航空产业园的投资建设不但可以带动就业、创造税收、提升居民的收入，进而促进当地经济、社会的发展，同时以园区为平台带动通航全产业链的聚集，以及相关产业如酒店、旅游、高新科技、房地产、金融等产业的发展。

0.3 房地产转型，产业地产成为开发热点

2014 年下半年以来，尽管限购解除、限贷松绑、央行降息等一些针对房地产行业的利好政策，但并未真正扭转楼市进入下半场的“低迷”局面。住宅销售额增长率及销售面积增长率均受到遏制，房地产行业“黄金时代”已经过去是不可否认的事实。随着住宅市场调控的“常态化”，传统住宅开发进入低利润增长期，房企转型势在必行。受限于土地储备、开发周期及宏观调控的影响，商业地产的业务经营经常受到间断性和政策的不确定性等因素的影响，一些大型投资商和房地产开发公司开始寻求可持续发展经营的创新空间。“产业地产”作为一种全新的城市经济发展空间理念已经在中国大部分地区逐渐兴起。

当国家调控使住宅和商业地产风险开始连续加剧之际，政府对产业地产的政策扶持力度加大，主要在于推进土地出让制度改革和加强土地的集约化利用，产业地产面临相对宽松的宏观政策环境（图 0-1）。在此背景下，包括复地、绿地、富力、陆家嘴、合生创展、珠江投资等大开发商在内的众多开发商纷纷抢先进入产业地产领域。

产业地产的发展会带来价值链的高端聚集，能够优化产业结构，推动产业升级，由此带动整个城市的发展。房地产投资基金的报告数据显示：工业地产的投资回报率一般为 8%-12%。考虑到土地资源的不可移动性和不可再生性，社会进步和城市建设发展的不可逆转性，产业地产项目具有保值增值属性。因此，各地方政府都对产业地产项目的发展给予充分的支持。

关于地产企业向产业地产转型的意义，中国房地产业协会副会长朱中表示：“产业地产作为实体经济发展的助推器，显然比住宅地产、商业地产更具实际发展意义。”全国房地产经理人联合会秘书长杨乐渝认为：“中国房地产业正在面临深刻的转型，产业地产作为承载、支撑与促进产业发展的地产形态，作为地产和产业有机结合的商业模式，在提升土地的产业价值、提升城市产业能力、聚集人口与资本调整城市经济结构、促进城市产业升级与促进城市可持续发展等方面将发挥重要的先导作用。产业地产实现了居住价

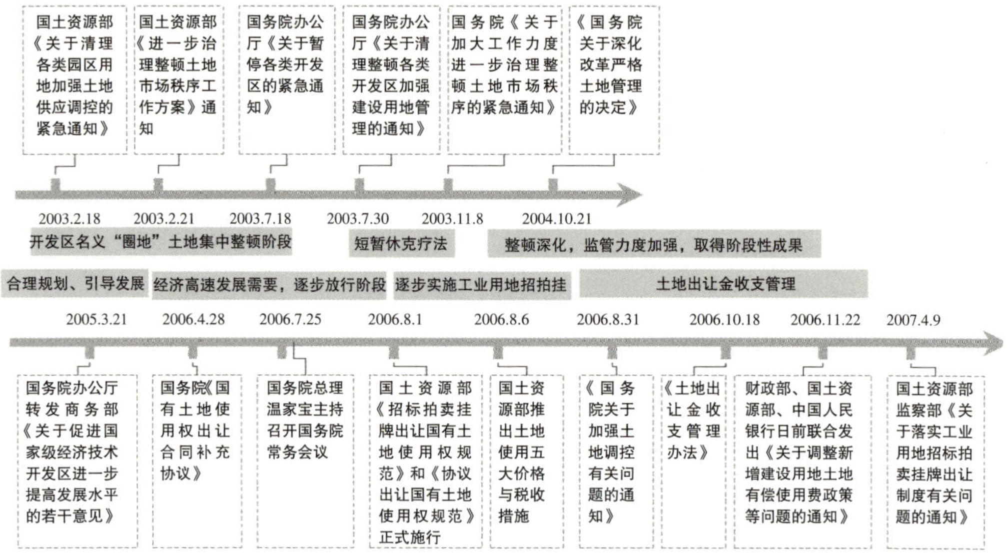

图 0–1　房地产行业近期一系列宏观政策调控

值、产业价值与城市价值三者的统一与良性循环，也将促进房地产投资向产业运营方面的转化，促进房地产资本转化为实体资本，促进房地产开发商提升区域运营能力和产业运营能力，成为城市运营商和产业运营商。"

0.4　通航产业园本质上是临空产业地产

通航产业园依附于通航机场，本质上是临空产业地产。临空产业地产指的是主要兴建于国际机场附近，借助其得天独厚的地理位置，吸引国际人流、物流而发展起来的一种产业地产形式，它提供的设施主要包括客货运输、仓储加工、综合贸易、高新技术、商业服务、会议展览、生活居住、园艺农业和文娱体育等。作为产业地产的一种，通航产业园不可避免地具备产业地产的一些普遍性特征，契合产业地产的普遍开发模式，遵循产业地产的普遍开发策略，借鉴产业地产的普遍运营方式。

此外，作为产业地产中的一种特殊类型，区别于常见的工业、旅游、养老等其他产业地产类型，机场、通航产业对于通航产业园的定位、规划、发展而言有其特殊性。因此，研究通航产业园，一方面要从既定的产业地产的角度来进行研究，另一方面要从通航产业的角度对产业地产进行反向研究。

因此，在产业地产视域下研究通航产业园有助于通航产业园的健康发展和长期繁荣，更有助于通航产业的发展。

第一部分　认知篇

这一部分主要介绍通用航空、通用航空产业园、产业地产的相关基础知识，是本书后面的主体内容的研究与阐述的理论基础。

通用航空部分将介绍通用航空的基本概念、特点、作用，以及世界其他国家和我国通用航空的发展历程与简史，重点介绍我国通用航空的产业链与发展现状，从资源要素（空域、机场、机队、航油）、市场规模、技术服务、人力资源、资本投入等方面阐述，并简单分析了通用航空存在的问题。

通用航空产业园部分借用空港经济区明确了通航产业园的概念，介绍了产业园构成、分类、发展进程、发展模式、发展现状及其竞争力因素，认为产业聚集是产业园竞争力的重要体现，产业布局是产业园规划的工作重点。

产业地产部分介绍了产业地产的概念、发展历程、类型、开发模式与特征、存在的问题和策略，认为产业地产开发的关键有四点：在发展战略层面需解读把握政策，发展定位层面需甄选产业类型，空间规划层面需多层面控制，后期运营方面需实现产业增值。这四点将指导第三部分即通航产业园在产业地产框架内的规划篇的探讨。

第 1 章　通用航空

1.1　基本情况

航空，是指飞行器在地球大气层内飞行的活动。按照航空应用的范围，可以分为民用航空和军用航空，民用航空又分为航空运输和通用航空。航空产业是研制、生产和修理航空器的产业。航空产业通常包括航空飞行器、动力装置、机载设备、机载武器等多种产品制造和修理行业，以及独立的或隶属于企业的研究设计单位、试验基地和管理机构等。

通用航空是民航业实现产业升级，向高层次发展的重要基础，而我国通用航空的发展不仅落后于国内商业民用航空，更落后于其他主要国家的水平。国际经验表明，通用航空在国民经济与社会发展中发挥着巨大的作用，发展通用航空是建设民航强国的基石和必由之路。其中，农林作业、工业服务、私人消费是构成通用航空需求的“三驾马车”，随着我国经济结构的改变，私人消费市场占比正迅速增加，其将逐步成为通用航空发展的核心。

1.1.1　通用航空的概念

通用航空（General Aviation）按照国际民用航空组织（ICAO）的定义，是指“定期航班和利用取酬的或租用合同下进行的不定期航空运输以外的任何民用航空活动”。国务院 2003 年 1 月颁布的《通用航空飞行管理条例》对通用航空作了如下定义：所谓通用航空，是指除了军事、警务、海关缉私飞行和公共航空运输飞行以外的航空活动，包括从事工业、农业、林业、渔业、矿业、建筑业的作业飞行和医疗卫生、抢险救灾、气象飞行、海洋监测、科学实验、遥感测绘、教育训练、文化体育、旅游观光等方面的飞行活动（图 1-1）。

通用航空产业是一个完整的产业链，除制造之外涉及机场建设、通航运营、人员培训、融资服务、相关配件等一系列的产业链。

1.1.2　通用航空的特点与作用

1.1.2.1　特点

与运输航空相比，通用航空主要有以下四个方面的特点：

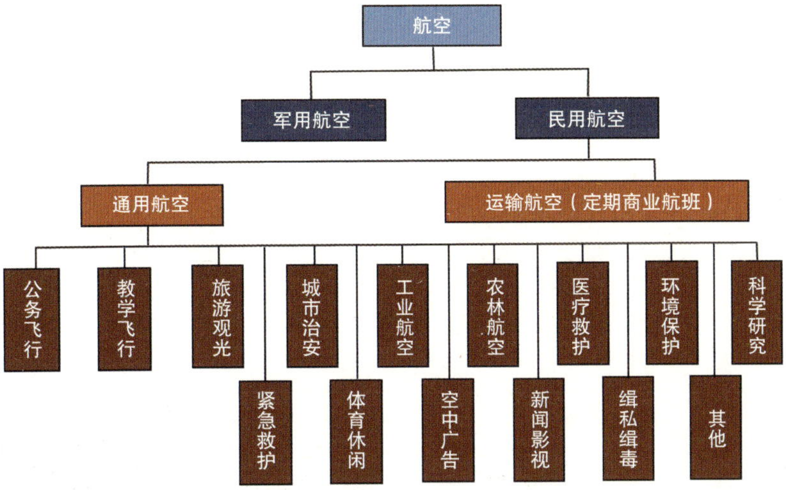

图 1-1　通用航空涵盖领域

一是通用航空飞行点多、面广、分散，作业项目繁多，受气候和地理条件制约比较大，季节性和突击性强。

二是它是一项专业性、技术性很强的生产活动，不同的作业项目一般都规定有不同的技术、质量标准，要配备不同类型的飞机和仪器设备，因此技术要求高，飞行难度大。

三是通航飞行一般使用小型飞机，保障环境差，多为低空、超低空飞行，没有固定的高度和航线，保证飞行安全难度大。

四是通用航空具有行业依附性。通用航空的作业飞机直接或间接地挂靠在某个行业或直接附属在企业中，灵活高效地提供各种服务。通用航空作业依附性是社会发展的必然结果，有利于生产组织、争取时效和提高设备利用率。

1.1.2.2　作用（表 1-1）

通用航空的作用　　表1-1

通航作用	途径	具体领域
促进经济发展	直接拉动、间接引致	贡献 GDP、解决就业、带动整个产业链发展和相关行业发展
服务各行业	农林牧副渔、其他行业	农林播种、灭虫、海上勘探、航拍摄影、抢修高危设备、体育娱乐
应急救灾救援	抢险救灾、运送伤员	林区灭火、搜救人员、运送伤员、运送救援物资
国防建设	输送人才、战备储备	飞行员、技术维修人员和其他技术性人才、战略物资运送

1.1.3 发展进程

1.1.3.1 世界通用航空发展历程（图 1-2）

图 1-2 世界通用航空发展历程

1.1.3.2 我国通用航空发展大事记

中国通用航空的历史可以追溯到 1912 年航空界先驱冯如驾驶自制的飞机在广州燕塘进行的飞行表演。

1931 年 6 月 2 日，浙江省水利局租用德国汉莎公司的 M18-D 型飞机，在钱塘江支流浦阳江 36 公里河段进行航空摄影，这是大陆首次进行的通用航空商业活动。1937 年，全国共有 12 架航摄飞机。新中国成立前，所有航摄飞机、设备和部分航摄资料及技术人员都被劫往台湾。

新中国成立之后，从 1952 年中央军委民航局组建第一个专业航空飞行队起，全国各地陆续成立了以农林业飞行为主的 14 个飞行队，后来又成立了专为工业、农业、海上石油等领域服务的通用航空公司。中国通用航空发展在开局阶段取得良好效果，到 1960 年，完成作业 205741 小时，平均年作业 15800 小时。这一时期被称为中国通用航空第一个黄金时期。此后直到“文革”结束，中国通用航空基本上处于滑坡趋势。

1980 年 3 月 15 日，民航不再属军队建制，直接由国务院领导。这是民航管理体制的重大改革，更有利于充分发挥通用航空的经济与社会效益。1986 年，为强化政府职能，加强宏观调控，促进通用航空事业健康发展，国务院发布了《国务院关于通用航空管理的暂行规定》。80 年代，通用航空逐渐不景气，企业入不敷出，经营艰难，年作业量下降，企业大面积亏损。90 年代以来，通用航空的规模萎缩和作业量下降水平十分明显，通用航空传统的计划式运作已远远适应不了市场经济下各行业的要求。

1996 年，中国民航总局出台《中国民航总局党委关于发展通用航空若干问题的决定》，提出了若干扶持和鼓励性政策措施。该决定出台之后，原有的通用航空企业纷纷与运输航空剥离、转让、合并和重组。在此期间，各地方政府和不同所有制的产业部门企业乃至个人也都创办了通用航空企业，给通用航空注入了新的活力，改变了过去基本上由民航和军航两家为百家服务的局面。通用航空虽然发展潜力大，但与运输航空相比中国通用航空一直发展缓慢。

2000 年以来，中国通用航空作业飞行总量年增长率（加权平均）为 12.3%，远远低于民航运输航空增长率。在国际上，通用航空是民航业的基础，其发展水平是一个国家民航业发达程度的重要标志，通用航空的飞行小时数、机队规模、从业人员、航空器、机场数量一般远高于航空运输。而目前中国通用航空规模过小，与运输航空发展明显不协调（图 1-3）。

图 1-3 中国通用航空发展历程

1.2 发展现状

发达国家的通用航空已发展到一个相对成熟的阶段，通用航空的研究主要集中在以下四个方面：飞行培训、FBO 建设运营、飞机改造和创新以及通航机场的建设，进而推动整个行业的发展。

我国通用航空产业起步较晚，受限于航空制造水平和低空空域开放等因素，我国通用航空产业的发展一直以来都比较缓慢。2010 年以来，我国通用航空飞行作业时间、通航企业数量以及通航机队规模连续 5 年保持较高的增长速度。然而，同通航市场较为成熟的欧美国家相比，我国通航产业仍处于发展的起步阶段，无论是飞机的保有量、人均飞机的拥有量，还是飞行员数量、机场数量以及通航制造商，我国与欧美各国都有着巨大的差距。

1.2.1 资源要素

1.2.1.1 空域

中国低空空域管理改革目前正根据实际情况分阶段逐步推进。2008年，中国首先在东北和珠三角地区批准了低空空域管理改革试点，试点低空空域高度为1000m。2010年，国务院、中央军委颁布了《关于深化中国低空空域管理改革的意见》，提出到2020年，中国低空管理领域的各阶段改革目标：第一阶段，2011年前在局部地区进行改革试点；第二阶段，从2011年到2015年年底在全国推广改革试点；第三阶段，从2016年到2020年进一步深化改革。

1.2.1.2 通用机场

中国通用航空机场和临时起降点数量较少，无法满足通航飞机起降的要求。截止2015年底，我国通用机场不超过400个，其中设施相对完善的机场78个，而美国有近2万个可供起降的机场。由于国内通航机场审批过程复杂，涉及部门众多，通航机场建设较为缓慢，场密度相对较低。目前，中国共有县级行政区划2856个，通用机场数量仅为县级行政区划总数的1/10左右。

目前中国通用机场（含起降点）布局存在着地区间的不均衡：黑龙江69个，新疆71个，各占全国通用机场的24.1%和24.8%，两者合计占了全国的48.9%。西北、西南等地，地域辽阔，各种药材、旅游等资源丰富，机场数量却不多，地区机场稀疏的格局与推动中西部地区经济发展、资源开发之间存在着突出的矛盾。

1.2.1.3 通用飞机

截至2015年底，中国通用航空飞机在册总数为2235架，比上年增长13.2%。其中固定翼飞机1530架（其中商务机230架），旋翼机658架，气球41架，飞艇6架。固定翼机型前三名为塞斯纳172R、钻石DA40D、运5，旋翼机型为罗宾逊R44、罗宾逊R22Beta、小松鼠AS350B3，大部分是轻型、四座飞机，用于飞行训练或警用巡查等（图1-4）。

1.2.1.4 航油供应

通用航空航油市场可分为两类，第一类是通用航空企业航油加注业务。目前，通航企业该类业务大多依靠民用机场展开，由专业的油料公司负责。第二类是通用机场航油加注业务，目前国内专业化的航油公司均尚未进驻通用机场。因此，第二类航油加注业务管理比较混乱，缺乏完备的管理体系，无法保证通航用油安全。再加上通用机场功能定位与一般的民用运输机场不同，其机场选址多位于山区、林区及其他人员稀少的交通欠发达地区，航油配置成本普遍较高，保障难度较大。通用航空企业规模及资金能力又有限，很难自建储油设施。这些都导致通用航空的航油保障渠道狭窄，油料供应困难。

特别是航空汽油的供应，长期处于无处可寻的境地。目前通用航空迫切需要社会资金投资航油供应市场及联储联运服务。

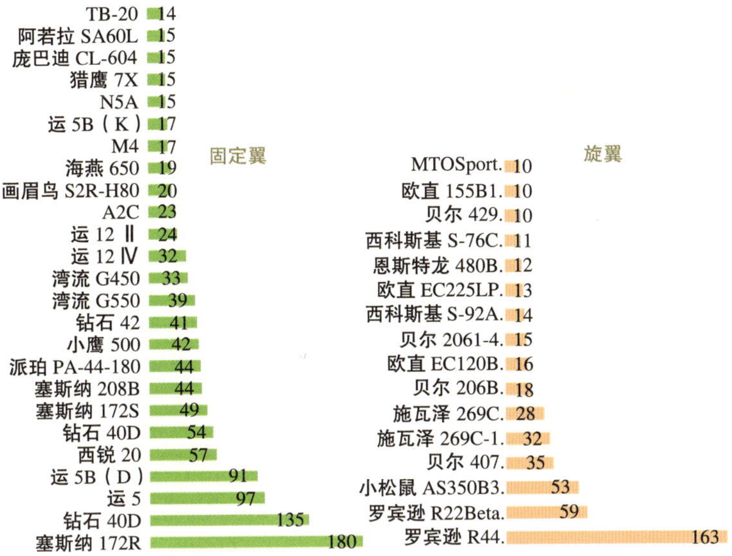

图 1-4 2015 年我国通航主要机型数量

1.2.2 市场规模

1.2.2.1 通航作业

2015 年，全国通用航空行业完成通用航空生产作业飞行 73.5 万小时，比上年增长 8.9%（图 1-5）。其中 71% 的作业时间为执照培训，其次为石油服务、商务短途运输和病虫害防治。在商务短途运输需求上升和飞行执照缺口较大的矛盾中，执照培训业务极为火爆。相比之下通航工业、农林业作业等政府主导的通航公益性作业量偏少，通航旅游消费尚未激发（图 1-6）。

受飞行培训企业布局的影响，我国通用航空作业量呈明显的区域分布（图 1-7），西南地区最多（主要有四川广汉的中国民航飞行学院），其次是中南地区（集中于湖北荆门等地），华东地区仅为 9%。华东地区的航空作业市场分布以执照培训为主，其次是商务及短途运输，另外在航空护林、医疗救护、人工降水、航空摄影、空中巡查方面也有部分需求。

1.2.2.2 企业运营

从地域分布上看，截至 2015 年底，获得通用航空经营许可证的通用航空企业 218 家，按照不同地区企业数量的多少，依次是：中南地区，共 54 家；华北地区，共 46 家；华东地区，共 40 家；东北地区，共 16 家；西南地区，共 31 家；西北地区，共 18 家，其中新疆地区

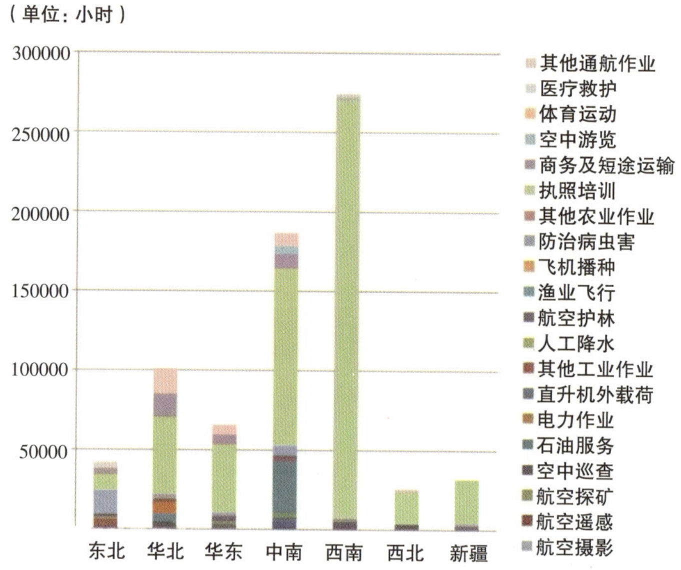

图 1–5　2015 年各地区通航飞机作业量分布

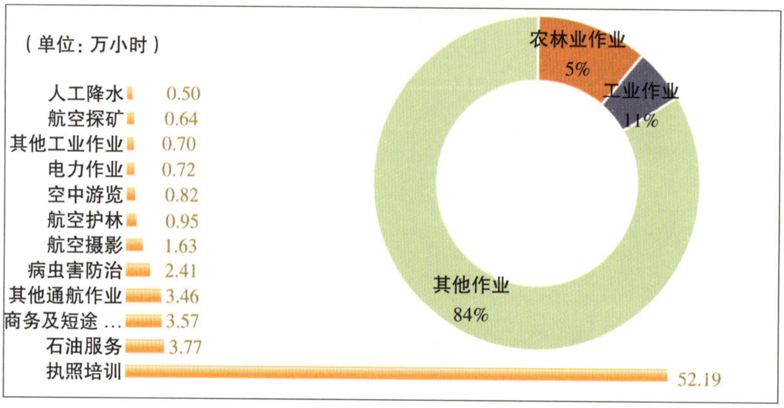

图 1–6　2015 年全国通航作业时间

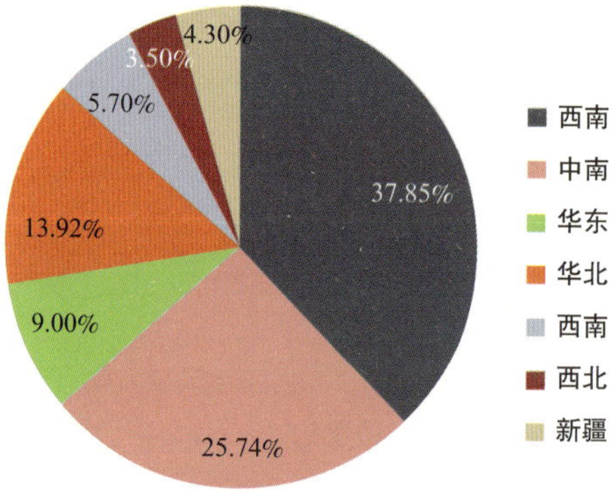

图 1–7　2015 年通航作业飞行量地区分布

共 7 家。从上述数据可以看出，通用航空区域发展不平衡，东部发达地区发展较为迅速，而占据一半国土面积的西部地区，通用航空企业数量只占 1/5（图 1-8）。

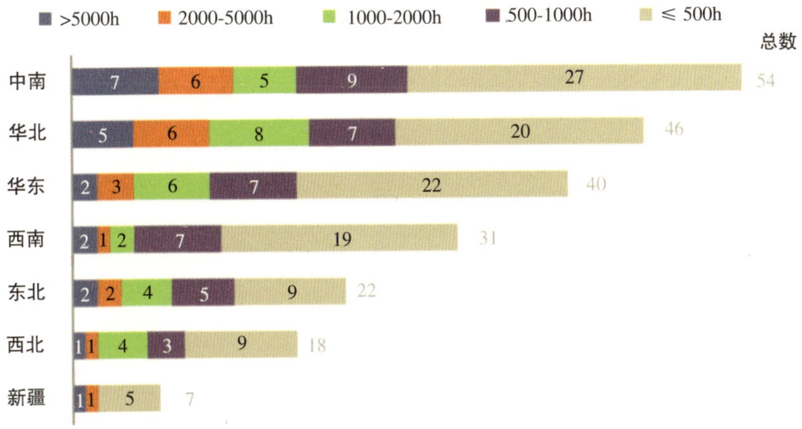

图 1-8 2015 年各地通用航空企业数量（按年飞行量）

从企业营业情况来看，2011 年美国企业 500 强平均营业收入为 215.69 亿美元，平均利润 14.17 亿美元。2011 中国企业 500 强平均营业收入为 726.2 亿元，折算为 115.09 亿美元（按当时汇率 6.31 折算），相当于美国的 53.4%；平均利润为 41.6 亿元，折算为 6.75 亿美元，相当于美国的 47.6%。

从经营主体上看，国内通用航空企业约 80% 投资组织形式是有限责任公司，经营性和非经营性通用航空发展不协调。目前中国个人通用航空数量极少，大部分还是挂靠在经营性航空企业之下。而在美国，非经营性通用航空单位如私用、自用飞行的数量占通用航空运营主体的绝大部分，比通用航空企业数量高得多。

随着国家对通用航空领域的进入政策不断放宽，通用航空企业的竞争越发激烈。国内各省纷纷成立新的通航企业，部分国外资本开始逐步进军国内市场。在激烈的竞争环境下，行业的市场份额不断发生改变，初步形成一些规模较大的通航企业加剧竞争的局面（表 1-2）。在海上石油服务领域，中信海直、南方航空珠海直升机、东方通航三个主要通航企业形成激烈的竞争局面。在陆上通航服务领域，各种规模企业参与竞争，市场占有率也更分散。

国内主要通航整机生产企业分布表（不含中航工业民机制造基地） 表1-2

企业名称	所在地	企业名称	所在地
北京通用航空有限公司 主要机型：P-750 涡桨飞机	北京	飞龙天地集团（北航大学技术） 主要机型：蜜蜂 M3C、M4、M11	北京

续表

企业名称	所在地	企业名称	所在地
皮拉图斯飞机工业（中国）公司 主要机型：PC12、PC6 涡桨飞机	重庆	沈阳飞机工业有限公司 主要机型：塞斯纳 162	辽宁
重庆直投恩斯特龙直升机制造公司 主要机型：F280、480B 直升机	重庆	沈阳中体轻型飞机有限公司 主要机型：海燕 650 系列	辽宁
捷克通用飞机制造公司 主要机型：Faeta“风王”小型飞机	重庆	山东滨奥钻石飞机公司 主要机型：DA40 型号	山东
湖南山河科技股份有限公司 主要机型：阿若拉 SA60L	湖南	青岛海利直升机制造公司 主要机型：B-2B 直升机	山东
中航通飞（珠海）有限公司 主要机型：天骄、领航系列、西锐 SR2X	广东	艾雷奥特（江苏）飞机公司 主要机型：AT-3、AT-4	江苏
中航工业哈飞有限公司 主要机型：莱格赛 650/600 公务机	黑龙江	芜湖钻石飞机制造公司 主要机型：DA42	安徽
辽宁联航神燕飞机制造基地 主要机型：泰克纳姆 2002、2006T	辽宁	九江红鹰飞机制造公司 主要机型：SW-4 系列直升机	江西

1.2.3 技术服务

1.2.3.1 保障设施

通用航空的发展需要大量的机场设备和空管配套产品，机场设备主要包括通信系统、导航系统、雷达系统、机场地面车辆等，而空管配套产品主要指空管自动化指挥系统。空管自动化指挥系统领域按使用对象可分为军用航空领域和民用航空领域。军用航空领域由于特定的政策性壁垒，空管自动化指挥系统全部使用国内厂商的系统。而民用航空空管系统，目前的供应商主要以欧美的大型厂商为主，包括法国泰雷兹公司（Thales）、美国雷声公司（Raytheon）等。早期民航安装的空管主用系统主要从国外进口，随着空中交通流量的增长，目前已经不能完全适应国内航空的需求，国家正在推动这些设备的更新换代。

受民航管理体制的影响，中国通用航空代理服务起步较晚。现有的基础设施已不能有效支撑通航的发展，通用航空飞行保障设施比较落后且不够完善，空管部门监控低空空域飞行的手段缺乏。通用航空器飞行高度低，机载设备比较简陋，85% 以上的飞行活动发生在 4000 米以下的中低空，现有空管监控手段难以对其实行跟踪监控。在中国很多地区，普遍存在着低空空域飞行监控不到的现象。在对外开放过程中，相应的需求明显增多，包括为国外飞机提供在中国境内的航行申请服务，为中国通用航空飞机赴境外作业提供航空申请及调机服务等。随着低空空域改革的加速进行，未来为低空飞行提供航行服务、气象服务等业务有着巨大潜力。

我国已建 FBO 和 FSS 主要分布在东南沿海地区，中部地区通航保障服务辐射区域空缺亟待补全。未来，航空服务站（FSS）将遍布我国各个重要城市和区域，航空服务站的概念也不仅仅是“服务站”本身，还包括为其提供技术支撑服务的飞行服务研究院、数据处理中心、技术支持实验室、测试和开发中心、网络和安全中心等，以及为整个航空服务站网络提供支撑的中心航空服务站点、分区航空服务站点和小型连接站点。整合化、定制化、自动化是航空服务站及其服务的发展方向。航空服务站的发展趋势势必是自动航空服务站（AFSS）：将航空服务整合到同一的媒介（如网络或广播）中用来方便用户使用和查询信息，将各项相关社会资源与航空服务站进行整合用以形成全社会的产业；根据用户群的不同提供不同的定制化服务内容，实现通过广播、短信或邮箱等方式自动向用户提供各项信息服务，实现航空服务站运行管理自动化。

1.2.3.2 维修

飞机维修分为机体维修、发动机维修和机载设备维修三大类。国内飞机维修能力不强。纯内资公司主要集中在机载设备维修领域，高端的机体维修和发动机维修还是以外资和合资企业为主。2009 年获 CAAC 批准的 370 家国内民航维修企业，82% 集中于机载设备(部件）维修，介入高利润、高技术含量的机体维修市场仅 32 家，占总量 6%；相比之下，国外有 37% 的维修企业集中于此市场（表 1-3）。

国内主要通航维修基地分布及维修机型　　表1–3

企业名称	所在地	企业名称	所在地
中航天水飞机工业有限公司 Y12/Y5/Y58	甘肃	冀华通用航空公司 Y5/Y5B	河北
国航内蒙古分公司航空修理厂 Y7	内蒙古	山东太古飞机工程有限公司塞斯纳 208/208B	山东
中国民航飞行学院新津分院 Y5/Bell-206B	四川	山东航空股份有限公司塞斯纳 208	山东
四川奥特附件维修有限公司空中国王 B200/B300	四川	东航安徽分公司维修部 Y5/Y5B	安徽
四川海特高新技术股份有限公司奖状 / 空中国王	四川	中飞通用航空公司塞斯纳 / 奖状 /Y5/Y12	陕西
中国东方航空公司山西分公司飞机维修工程部 Y7	山西	南方股份航空有限公司湖北分公司飞机修理厂 Y7	湖北
北方航空公司维修基地 Y7	辽宁	珠海通飞客户服务有限公司西锐飞机	广东

由于目前中国通用航空产业的机队规模较小，缺乏专门为通用航空飞机提供 MRO（维护、修理、保养）的服务设施，通常由飞机生产商承担大部分维护和修理工作，而且多数情况下难以完成对具有新技术的飞行器的维护工作。在国内 370 家维修单位中有 91 家

是航线维修单位。由于缺少核心 MRO 技术，只能在香港或者海外完成发动机的修理或飞机的改装工作，在维修技术和设备方面还存在不少差距，目前只能进行型号较旧飞机的维修；专业的 MRO 人才缺乏，对新型飞机的维修能力不足，维护培训缺乏，特别是对那些应用了先进技术的飞机，甚至由于缺乏技术英语培训，导致对维修手册理解困难。

总之，中国通用航空维修业存在着下面几方面的问题：维修能力布局和基础设施建设不平衡，基本上没有固定基地运营商为通用航空飞机提供服务。维修水平较低，技术创新能力严重缺乏，难以参与国际竞争。服务意识落后，没有建立以客户为中心的服务理念。

1.2.4 人力资源

目前，通用航空从业职工有 11000 多人。在工程技术人员中，本科学历者占 5.3%，专科学历者占 14.6%，中专（含高中）学历者占 35%，其他均是高中以下学历。在年龄结构上，50 岁以上者占 20%，40 ~ 49 岁占 45%，30 ~ 39 岁占 20%，30 岁以下者只占 15%。通用航空从业人员年龄和知识结构都难以满足通用航空产业发展的需要，呈现出年龄老化、人才断层的状态。

目前中国通用航空飞行、机务、签派三者之和只有 8000 人，对于通用航空产业的发展来说人才严重缺乏。通用航空专业技术人员特别是飞行员的短缺已严重影响和制约了通用航空的发展。截至 2012 年底，全国共有飞行员 3 万余人，其中通用航空飞行员 6000 人，其中 400 余名为飞行教官，3000 余名为飞行学生，作业类飞行人员 500 余人，小型运输飞行人员 500 余人，政府事务近 200 人。其他飞行人员主要是飞行爱好者。

通用航空专业技术人员引进、培养渠道狭窄，向航空运输流失严重。飞行员短缺对通用航空发展已构成了严重制约，既懂管理又懂技术的复合型高端维修人才严重缺乏。同时，通用航空企事业不够重视对人员培训，培训系统不全，往往对技术人员使用较多，人才知识更新和提高不足。

1.2.5 资本投入

现有的通用航空企业普遍呈现“高科技、高投入、高风险、低回报”的特点，资金回报周期较长，经营状况较好的企业也需 3-5 年才能盈利。通用航空企业除依靠原始资金进行投入外，大多缺乏后续资金投入，企业再生产投入严重不足。由于投资风险较大，通用航空企业大多不具备条件从资本市场直接获取资金。

长期以来，通用航空一直是以国家直属企业的形式存在的，从计划组织实施都是由国家统一规划执行的，所以资金投入完全是由国家财政解决，即通航企业是完全国有的。

这种国家主体的通用航空企业有着和其他传统国有企业在市场经济中存在的诸多弊端，所以投资体制是直接关系到通用航空企业发展的重要因素。

目前中国通用航空企业获得融资方式主要是自有资金、政府投资和银行贷款。在融资上有下面两个问题：第一，国内通用航空资本市场不发达，通用航空企业通过证券市场募集资金的渠道不畅、阻碍大，难以获取权益及借贷资本；第二，国内银行给予通用航空企业的贷款利率高，融资成本高。解决通用航空产业高速发展面临的巨量资金需求，需要拓宽通用航空融资渠道，充分利用国有资本和民营资本两方面的力量。

在国有资本方面，国家作为直属通用航空企业的所有者或投资主体，应在解决通用航空发展的问题上起到关键的作用。在对通用航空领域的投资和国有资产管理方面，有必要成立专门的通用航空投资和国有资产管理机构，以政府持股的形式参与对通用航空企业的管理和投资。只有彻底改革对通用航空国有资产的管理模式和投资机制，大力促成现有国有通用航空企业的全面重组，明确国家投资方向和引导民间投资，才能从根本上改变中国通用航空行业在管理、规模、效益上的停滞徘徊的局面。

在民营资本方面，当前国内民营资本投资民用航空的热情高涨，在运输航空方面已有吉祥航空有限公司、春秋航空公司加入。通用航空因其相对投资少，可选项目多，也越来越吸引民营资本的眼球。

为此，国内资本投资民用航空规定应该早日制定，以消除市场准入上的障碍和体制性障碍，促进通用航空的发展。

1.2.6 存在问题

1.2.6.1 机场数量少，空域范围小，难以满足要求

据统计，我国目前对通航飞机的需求超过 3 万架，业务领域包括建设县、乡、镇立体交通体系、国土资源测绘、农林作业、边防、紧急医疗救助、旅游观光以及石油勘探等等，而这些领域需要的主要是高度低、速度慢的小型飞行器，而且需要数目庞大、地点分布广阔的通航机场。但是，我国民航规划、地方政府热衷的更多的却是大中型的枢纽机场、干线和支线机场建设，高标准自然导致高成本，在整体资金、人力等资源有限的情况下，必然会限制新机场建设的速度和数量，这也成为通航发展的一个主要障碍之一。

中国的空域管理，一直以来是空域管制的方法，由空军统一指挥协调。这和美国天空开放的大背景完全不同。在这种大的国情背景下，用美国的现状来评估国内的空域管理改革，以及设想通航产业的发展是不现实、不客观的。中国的空域管理改革势必是一个渐进并且长期的过程。2010 年的《关于深化我国低空空域管理改革的意见》决定至 2020 年分三阶段形成低空空域管理、服务和保障体系，逐步开放 1000 米以下的空域。从

长春、广州、海口“两区一岛”试点情况看，目前管制空域（飞前提前申请并接受航管部门管制指挥）、监视空域（飞前备案并使雷达看得见，能够联系上）、报告空域（飞前仅需报备）占比约为50%、25%和25%。低空空域开放可以激发潜在的航空消费需求，是通用航空大发展的前提。空域使用要最大化，限制要最小化，是航空发达国家所遵循的一条空域开发和使用的原则，也应成为我国空域管理和使用的目标。所以，下一步要进一步增加低空空域开放试点区域，尤其是经济发达、通航需求旺盛地区的空域。

1.2.6.2 保障体系发展滞后，功能不健全

低空开放仅仅是一个必要条件，完善的地面保障设施体系也是通用航空发展的重要条件。从国外成熟的发展经验来看，要迅速发展通用航空服务，必须有庞大的通航服务站站点数量。飞行服务站体系是专门为通用航空提供航行情报和气象情报等服务的重要保障。保障体系发展滞后，造成大部分机场综合功能不健全，与客观要求存在较大差距，将严重制约通用航空产业的发展。虽然低空开放试点为低空开放打开了突破口，但真正开放需要循序渐进，建立完善的低空空域保障体系需要一个相对较长的时间。

我国目前并没有专门针对通用航空飞行器的运行建设相应的服务体系，比如飞行服务站（FSS）的建设就相当滞后，而且民航局并未真正开始在国内建设飞行服务站，反而是空军、海军和地方政府正在辽宁法库、海南海口，以及深圳和珠海建设飞行服务站。因此，我国正推进通用机场（通勤机场）、FSS（飞行服务站）、FBO（通用航空运营服务商）、航油保障体系的建设，通航运营管理各项规章也在加快制定。只有各个方面保障能力都得到大力提升，才能真正建立起通用航空快速发展的基础。

1.2.6.3 报批程序过于严格复杂

在我国2003年5月1日起施行的《通用航空飞行管制条例》规定：通用航空要飞行，必须申请划设临时飞行空域和申请飞行计划。其中临时飞行空域的申请包括：临时飞行空域的水平范围、高度，飞入和飞出临时飞行空域的方法，使用临时飞行空域的时间，飞行活动性质，其他有关事项等。而且不同的空域要找不同的部门审批，涉及机场飞行管制部门、分区飞行管制部门、空军等多个部门。飞行计划的审批也异常复杂，飞行计划申请应当包括：飞行单位，飞行任务性质，飞行员姓名、代号（呼号）和空勤组人数，航空器型别和架数，通信联络方法和二次雷达应答机代码，起飞、降落机场和备降机场，预计飞行开始、结束时间，飞行气象条件。航线、飞行高度和飞行范围，其他特殊保障需求。此外，有五类飞行还必须提交有效的任务批准文件（图1-9）。在美国，不仅大部分低空空域都对民航开放，而且一般来说通用航空飞行不需要审批和备案，简化的飞行手续为私人飞机机主提供了很多方便，也使美国成为世界上通用航空最为发达的国家。

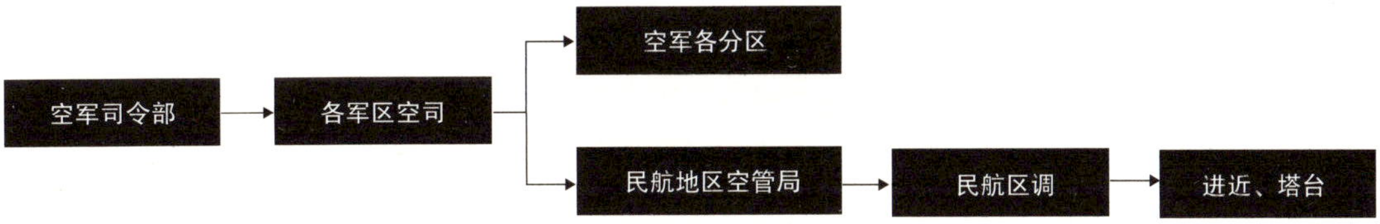

图 1-9　通用航空飞行计划审批部门

通航公司飞行作业点多面广，任务流动分散，单机作业等行业特点迫切希望得到各方面的关注。根据现在的管理措施，运行中每个环节都要经过民航局和空军的双重审批，空域管制又捆住了通用航空手脚，这些已然成为通用航空发展滞后的重要原因。因此，着手建立健全符合通用航空特点、宽松适度和促进通用航空发展的法规体系和运营管理体系，推动我国航空业发展，形成新的战略格局是当务之急。

1.3　产业链

产业链的研究起源于 17 世纪的西方古典经济学，现在较多研究供应链、价值链等。由于不同的研究视角和出发点，国内外学者对产业链有多种定义和认识，如基于供应链、产业关联、分工工艺流程、价值链、生态共生体、竞争力与战略联盟的研究等。

1.3.1　产业链结构

由于通用航空产业的应用范围很广，所以其涉及的相关保障支持产业非常多。要构建一个完整的通用航空产业链，在通航制造、运营之外，还涉及通用机场建设、航材油料、人员培训、融资保险服务、相关配件服务等一系列的产业节点。按照各企业在通用航空产业链中所处的上下游关系、各企业之间的关联度以及重要性将众多企业归类为四大节点，即：通用航空器研发制造（上游产业）、通用航空运营（中游产业）、通用航空综合保障服务（下游产业）、通用航空延伸服务（延伸产业）。

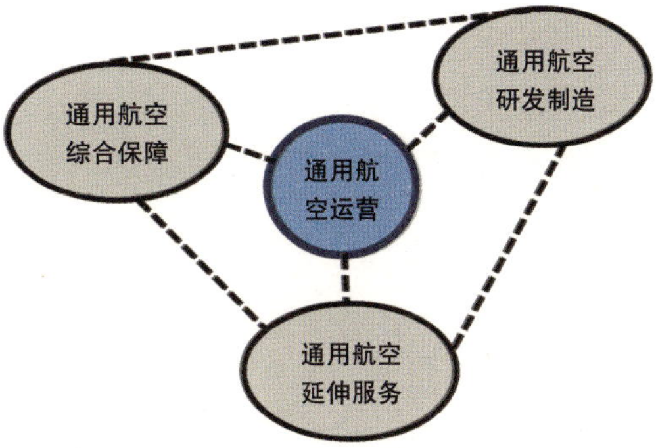

图 1-10　通用航空产业链结构示意图

通用航空产业链如图 1-10 所示，从产业链的结构来看，通用航空上游、中游和下游企业之间相互推动、相互制约，形成完整的产业链条。通用航空器研发制造处于产业链的上游，通用航空运营处于中心地位。通用航空运营综合保障和延伸服务作为整个产业链的相关支持产业，为通用航空运营提供相应的保障和服务，在整个产业链中也起到非常重要的作用。通用航空产业链具体构成见表 1-4。

通用航空产业链具体构成 表1-4

主要环节	具体构成
通航研发制造相关产业	通用航空飞机整机、零部件制造
通航运营相关产业	航空器租赁、售后服务、运营管理、专业服务
通航综合保障相关产业	空域、通航机场 /FBO/FSS、油料供应、现代空管系统、维修服务、培训服务等
通航延伸服务相关产业	旅游、培训、金融、保险、中介、信息网络服务等

1.3.1.1 通航研发制造相关产业

通用飞机制造产业链，可以分成特种设备产业链和飞行器制造产业链。特种设备产业链用户包括机场、空中交通管制、航空公司、航空油料等，如登机桥、民航特种车辆等专用设备，主要涵盖民航特种设备的研发、制造、维护等环节。飞行器制造产业链涵盖飞机的研发、制造、维修等环节。

目前我国通用飞机制造依旧停留在基础制造阶段，其核心部组件（如航空发动机、航空材料等）的上游研发制造技术掌握在外资企业手里，我国自给率严重不足，这抑制了我国通用航空制造的良性发展。为降低整体生产和装配成本，未来复合材料、机电设备、仪器仪表、小型标准件等将采取本地配套的模式。拥有航空技术积累的科研机构或企业还将向自主研发整机迈进。

1.3.1.2 通航运营相关产业

通用航空运营产业链，业务范围涉及通用航空飞行管制条例中规定的各种通用航空活动，例如航空器租赁、售后服务、运营管理、专业服务等，是围绕通用航空活动开展各种运营的产业，按照飞行活动的目的，大体上分成三类：第一类是客货运输，第二类是空中作业，第三类是教育娱乐。

1.3.1.3 通航运营综合保障相关产业

通用航空综合服务保障产业链，是指为满足通用航空运营环境需要而构建的服务保障产业集群，包括机场运营、地面保障服务、空中交通管制、航务代理、航空教育培训以及油料航材供应等产业。

当前我国运营的通用飞机绝大多数是外国品牌，飞机的维修与航材的保障还要严重依赖国外，但随着我国通用航空产业的不断发展，我国通用航空维修市场有着巨大的潜力。从行业整体来看，维修业务需求与通用飞机数量基本保持同步增长。估计到 2020 年，国内通用航空产业产值中，维修与保障服务产值将达到200亿元。

1.3.1.4 通航衍生服务相关产业

通航运营延伸是依托飞机制造项目，重点发展飞行培训、飞机维修、通航旅游等基础运营项目，可选择性地发展飞机金融代管、飞机展销等高端运营服务业；此外，还可将通航飞行与当地旅游资源、产业资源等有机结合，打造区域飞行网络体系，形成产业集聚。

目前，我国通航作业飞行以执照培训为主，工业、农林业作业增长较缓，部分作业已被无人机替代。根据我国飞行执照缺口数量和政策方向，未来国内通航作业市场将继续以飞行执照培训为主，以通航短途运输、公务运输为辅，同时在医疗救护、应急救援和航空旅游、航空运动等领域也将有广阔的市场空间。

通用航空产业关联性强，具有高效益、高风险、高附加值、高技术的特征，其产业链由运营、制造、培训、维修、物流与其他衍生产业组成，这些产业之间相互交叉、协调运转。未来通航发展的趋势是全产业链的协同发展，应积极拓展上下游市场，互相补缺，相辅相成，建立产业联盟，形成协同创新、产用结合、以市场促基础产业发展的新模式。

按服务领域或业务范围，我们可以对通用航空产业的市场情况进行分析，从通用航空产业的企业类型，我们可以比较具体地看到整个通用航空产业链上的各个企业组成情况。实际上，整个通用航空产业链的直观表现就是从事如图1-11所示的类型不同的众多企业的业务关系。

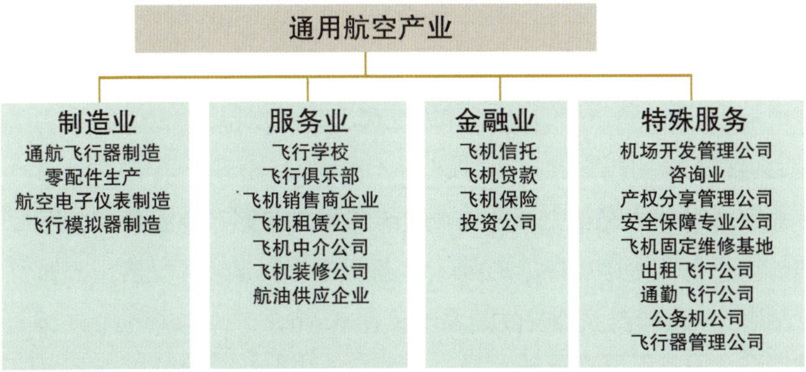

图1-11　通用航空产业业务范围分类

1.3.2 产业链特征

1.3.2.1 复杂性

通用航空产业链之所以复杂，主要原因包括，第一，构成通用航空产业链上的每个节点企业组成的层次问题，通航产业链往往由多个、多类型的企业组成，各企业间的服务与被服务的关系比较复杂；第二，产业链上各节点企业间的信息共享性差，很难使得各节点上下游企业及时了解所需信息，以至于企业难以做出准确的决定，这在一定程度上导致了通航产业链的复杂性；第三，产业链不但要实现实体的转移，还要实现保管责任主体的转移及信息的跟踪等；第四，通航产业链所涉及的基本都是高技术、高价值产品，以至于产品在生产、加工、储存及运输过程中可能会出现各种问题，也会给产业链上各节点企业带来风险，这必然造成通航产业链的复杂性。

1.3.2.2 动态性

动态性，指在服务过程中，由于中间环节的作用，处于产业链末梢的节点发生的变化被放大之后，传递给产业链中核心企业的结果，可能会发生更大的变化。在通用航空产业链中，各环节企业间是紧密联系的，节点企业需要动态更新，这就使得通航产业链具有明显动态性。

1.3.2.3 具有拉动效应

通用航空产业链的发展，能够带动相关产业的发展和效益的增长。国际经验表明，通用航空产业就业带动比为 1∶12。因此我国通用航空产业链在低空开放政策的促进下，一定能够带来意想不到的拉动效应，使相关产业也能产生较大突破。

1.3.2.4 面向客户需求，追求价值最大化

通用航空产业链是典型的客户需求驱动式产业链。在产业链运作过程中，用户的需求拉动是产业链中信息流、资金流、产品 / 服务流运作的驱动源。在产业链发展过程中，如果没有客户，没有需求，各环节的服务就不会有对象，所谓的服务也就不会发生。因此，通航产业链必须以客户需求为中心，直接面向客户需求构建。也就是说，在通航产业链中，整个服务活动是从对客户的需求了解和预测开始的。

1.3.2.5 交叉性

对于产业链而言，链中每个节点相互间关系是相对的。节点企业可以是这个产业链的成员，同时也是另一个产业链的成员，众多产业链形成交叉结构，增加了协调管理的难度，这也是通航产业链具有交叉性的原因。

1.3.3 产业链各环节关联度

通用航空运营及其他三个节点构成了通用航空产业链。在整个产业链中，通用航空的运营处于中心地位，它的发展对整个产业链起到引导及带动的作用，所以通用航空运营与其他三个节点构成的环节关联度将关系到产业链的整体运营效率问题，对整个产业链的综合竞争力和可持续发展起着至关重要的作用。下面逐一分析各节点与通用航空运

营的关联度。

1.3.3.1 与通用航空器研发、制造的关联度

飞机的需求与供应成为该环节双方的关联点。在通用航空器研发、制造方面，我国机型偏少，整机研发、生产技术水平同国际相比有较大差距，从而使得通用航空公司不得不付出高昂的成本从国外购置飞机，严重增加了通用航空企业的运营成本。反过来，由于我国通用航空制造业产能不足，尚未形成规模效益，导致价格偏高，而价格又影响到销售，导致需求减少。通航制造丢失了本国市场，研发生产的动力和经济来源缺失，进一步制约通用航空研发与制造的发展。从而使通用航空器研发、制造与通用航空运营环节出现恶性循环，造成通航制造业和通航运营企业双方的竞争劣势，严重制约了整个产业链的发展。

1.3.3.2 与通用航空综合基础保障的关联度

通用航空运营作为整个通用航空产业链的中心主体，应当处于产业链上利益分配的有利位置。而由于我国目前通用航空市场需求不足，导致通用航空保障系统的市场空间不足，难以形成规模效益，导致整个基础保障业务的成本偏高。在我国通用航空基础保障行业（包括油料、航空维修等）的市场结构中普遍出现垄断性，致使产业链上各利益主体地位相当，各主体都仅仅为自身利益着想，在通航产业链中就很容易产生“此长彼消”的关系。即：一个环节上的相关行业收益增加、生存状况良好，而其上下游的另一环节里相关行业却生存环境恶化、利润下降。长此以往，必然造成通用航空产业链上部分收益的流失，最终将严重影响通航产业的整体竞争力。

1.3.3.3 与通用航空支持服务的关联度

我国目前通用航空规模小、服务产品单一、业务量少等现状同样导致航空支持服务技术落后，设施设备不齐全，支撑通用航空运营的配套服务还无法跟上整个行业发展的节奏。我国目前通用航空信息网络服务还处于刚起步阶段，还没有综合类的服务站（FBO、FSS 等）。而美国已建立 300 多个飞行服务站，为飞行提供通信、气象服务、监理导航设施等服务，受理飞行申请，进行飞行讲评，为通用航空飞行提供服务。

第 2 章　通用航空产业园

2.1　基本情况

2.1.1　概念界定

2.1.1.1　通用航空产业园

航空产业园是指位于空港经济区内，集合了航空服务业、航空制造业、航空商贸物流业及航空相关高新技术产业等与航空运输直接或间接相关产业的城市功能区。

通用航空产业园，简称通航产业园，是利用国内航空产业资源和引进国外技术，以规划的通用航空产业园区为依托，包括总部基地、通航商旅飞行、通航 FBO 运营、MRO 运营、飞行培训、飞行器展示中心、航空物流、航空展览、航空救援等项目和飞行器组装改装等业务，建设的集原材料供应、零部件制造、整机组装、机场运营、飞行培训等多元化于一体的通用航空产业基地。

通航产业是一个系统工程，通用航空产业不等于通用航空制造业，通用航空产业园不等于通用航空工业园。通用航空产业涉及通用航空制造、运营、综合保障以及其他相关辅助产业，生产制造只是通航产业链的一环，运营管理、服务保障环节同样重要。

2.1.1.2　空港经济区

（1）空港经济

目前空港经济在国内还没有一个统一的定义，有些学者也将空港经济称为临空经济。参考我国临空经济专家曹允春博士在其著作《临空经济——速度经济时代的增长空间》中对临空经济概念的界定，及孙艳峰、龚昕、黄子惺等学者在《空港经济的产生机理与空间分布模式》等学术文献中对空港经济的定义，将空港经济定义为以航空运输为核心，依托机场优势以及机场对周边地区产生的经济影响，促使技术、资本、人力等要素在机场周边集聚的一种区域经济形态，进而形成的以空港为推动力的产业经济体系。包括直接或间接依赖航空运输和通用航空而进行的生产制造业和服务性产业活动。由于航空产业具有典型的资金密集、技术密集特性，且产业链长、辐射面宽、带动效应强，由此形成的空港经济具有以航空运输（人流、物流）为指向、自我增强机制的聚集效应、较高的市场和技术垄断性，高新科学技术、国际化程度高等特点。

（2）空港经济区

随着航空产业的发展，世界各大型机场都开始了以机场为核心对周边地区进行开发，布局相关产业，建设经济开发区或城市新区的计划。对机场周边区域开发建设的相关理论与实践研究也在逐渐展开。目前国内关于机场周边区域的相关概念没有统一的说法，不同学者对相关概念的内涵界定也有各自不同的理解。相关概念包括航空城、空港城、航空都市、空港经济区、临空经济区等。

（3）空港经济区的圈层结构

以机场为核心进行选址和布局是空港经济区的主要空间特征，同时空港经济区的空间布局有明显的产业导向特征、空间扩散和产业间相互集聚的过程，在空间上表现为因航空运输关联度及城市化影响程度的不同，各个产业在以机场为中心的不同圈层范围内的布局模式。通常包括四个圈层区域，即机场、空港区、临空经济区、临空经济辐射区（图 2-1）。

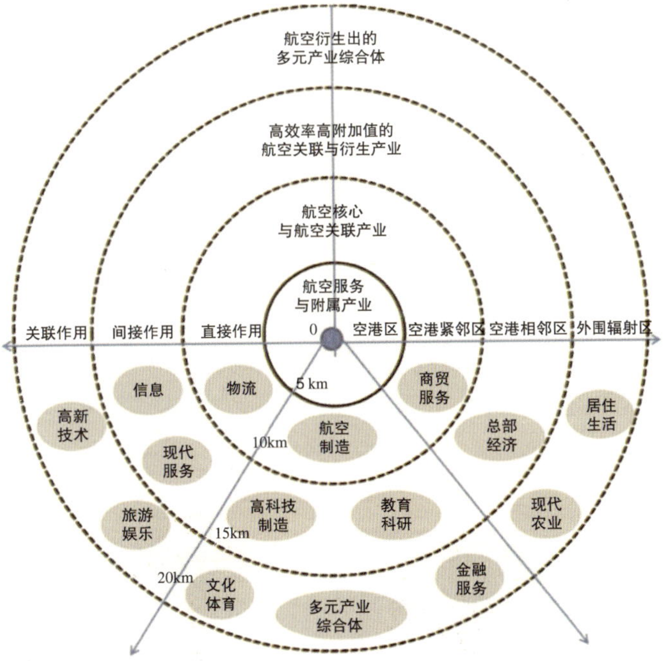

图 2-1　空港经济区产业空间圈层布局模型

处于空港经济高速成长期的产业主要有四类：

一是航空服务与附属产业，包括旅客服务、机场保障等行业；

二是临空指向性较高的航空核心与航空关联产业，包括航空物流、培训商务、会展、商贸、信息服务、金融、中介、总部经济等行业；

三是高时效和高附加值的航空关联与衍生产业，包括信息产业、生物医药、临空制造业等；

四是航空衍生多元产业综合体，临空经济影响递减，产业具有多元化特征，包括文化体育、现代农业、居住生活、旅游娱乐等一系列都市产业。

以机场为核心，这四类产业在区域上呈圈层分布，根据国内外实践经验，空港经济区一般集中在空港交通走廊沿线 15 分钟车程范围内。根据临空产业与机场联系的紧密程度，空港经济区在空间上形成以空港为核心的，每 5km 左右一个圈层的多层次圈层结构，与空港形成相互关联、相互依存、相互促进的互动关系。

但该结构会随着机场周边交通干道及自然条件等因素的限制和变化出现不同程度的变形，从而形成圆形模式、偏侧模式、线形模式和星形模式等不同的空间分布形式（图 2-2）。

1）圆形模式：受自然条件、区域环境干扰较小时，在周边交通便利的条件下，空港经济区通常采取的模式。如北京首都机场临空经济区、广州白云机场临空经济区、迪拜世纪中心国际机场临空经济区。

2）偏侧模式：受自然条件、行政区划等因素影响，在圆形模式的基础上呈一侧局部发展。如新加坡樟宜国际机场临空经济区、韩国仁川国际机场临空经济区等属于填海型机场，因此其临空经济区空间往往向陆地一侧发展。

3）线形模式：由于机场与中心城市之间具有强大的经济联系和边界的交通联系，临空经济区会沿此路径发展。如荷兰阿姆斯特丹史基浦机场临空经济区、德国法兰克福国际机场临空经济区、昆明长水国际机场临空经济区。

4）星形模式：临空经济区依托高速公路、轨道交通等交通廊道进行轴向发展，形成星形外缘。如美国达拉斯沃斯堡机场临空经济区、北京新机场临空经济区。

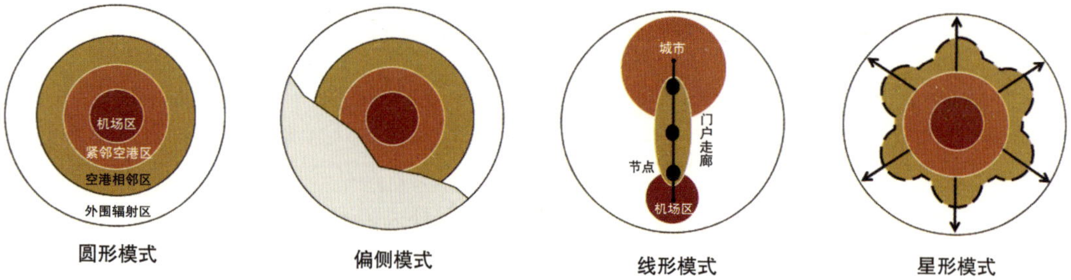

图 2-2　空港经济区产业空间布局模式

2.1.1.3　通航产业园区与空港经济区的关系

通航产业园区为在空港经济区内承载了与航空运输直接或间接相关功能的产业集合

体，属于在空港经济区宏观产业布局的引导下产业微观结构的载体，反映的是各生产要素在产业组织内部的配置，呈现与空港经济区不同的阶段特征相适应的动态发展规律，以实现空港经济区对生产要素的“宏观”配置。通航产业园区与空港经济区表现的是一种相互依存的关系。园区的规模、布局、空间结构等受到空港经济区宏观布局的引导，并依赖于区内航空枢纽、基础设施及相关政策的推动。同时通航产业园内部产业链的延长和产业升级更替会促进空港经济区产业结构的调整，推动其阶段性演化进程。

2.1.2 通航产业园区的构成

参考产业综合体模式中的圈层结构理论，结合对通航产业园区本身产业特性的分析，通航产业园区主要包含以下几大层次。

2.1.2.1 功能主题

通航产业园区的组织核心功能区是通用航空产业园区主导产业通航制造、通航运营以及上下游相关衍生产业办公、科研、展览、会议的场所，包含了与产业活动直接相关的设施和各类生产设备，是进行各类生产性活动的场所。

2.1.2.2 附属设施

附属设施是进行通航产业活动的物质支撑体系，它不与生产、办公活动直接发生关系，作为维持通航产业园区正常运转必不可少的系统，包括市政配套设施、公共服务设施、居住配套、文化娱乐设施等。

2.1.2.3 交通系统

交通系统是通用通航产业园区空间的骨架与支撑体系，构成项目内部各功能组团间的循环与联系，也是通航产业园与区域联系的重要通道。通航产业园的交通系统包括对外出入口、道路系统、步行系统、慢行交通系统、静态交通、公共交通、轨道交通等。

2.1.2.4 景观网络

景观网络是通航产业园区中各种自然景观和人工元素组合形成的系统，将自然或人工元素相互连接，包括绿地系统、景观水体、景观公园、空中花园等。

2.1.2.5 社会网络

社会网络是通航产业园外部的信息、资金技术和人才的支撑环境，在这样的环境中，人才、资金、资源等频繁地流动，并进行有机地结合，产生最快最具有影响的创新性生产活动，通航产业园区的社会网络是园区产生知识创新、科技革新的来源。

2.1.3 通航产业园分类

参考欧阳杰在《我国航空城规划建设刍议》中的相关研究，借鉴航空产业园的分类方式，将通用航空产业园分为专业型和综合型两类。

2.1.3.1 专业型

主导产业突出且形成一定规模的产业集群是专业型通航产业园区的特征，除主导产业外还兼有其他相关功能。专业产业园区在产业集群具有一定规模的情况下，将向综合型产业园转化。专业型通用航空产业园可细分为以下类型：

（1）主业型通航产业园

结合航空运输的专业化分工和产业化布局，受航空枢纽的直接带动，依托航空运输领域中的某一主导产业形成的产业群。

（2）高新技术产业型通航产业园

利用空港经济区在聚集局域高端资源上的极大优势及便利的交通运输条件，引入电子信息、生物医药、卫星应用技术等高时效和高附加值产业，建设相关科技产业园区与制造基地，通过科技创新和投融体制创新等机制，打造高新技术产业与空港物流融合发展的平台。

（3）商务贸易型通航产业园

该类通航产业园依托机场的区域辐射力，侧重于发展商务办公、金融贸易、会议展览、星级酒店等，吸引大型通用航空企业或其他企业总部入驻，通过强化商务交流和服务功能，打造区域重要的对外总部经济与商务窗口。

（4）服务配套型通航产业园

在机场周边具备了一定规模的产业基础与人口规模基数后，对于周边服务配套设施也产生了需求。服务配套型通航产业园以居住功能为主，为机场周边就业人口提供生活设施。它也可利用机场周边地区优越的自然生态环境，较低的开发强度，交通区位条件优越的优势，开发低密度的高档住宅区，为有频繁出行需求的高收入阶层人士，以及在通航产业园区内工作的高级管理人员提供优质的生活空间。

2.1.3.2 综合型

综合型通航产业园具有多元化、集群化和城市化的特征，体现在产业集群、综合功能、城市空间的规模效应上，就业人口和居住人口也达到一定规模。这类综合型的通航产业园区一般以大型企业总部或某个主导产业为建设中心，并由此衍生出相关的上下游产业，并布置相应的配套服务设施，构建相对较完善的通航产业体系，并进一步利用其规模聚集和辐射效应发展成为区域的综合服务中心，以此为基点吸引周边产业和人口聚集，未来将带动周边区域发展成为相对独立的新城。

2.1.4 发展进程

从对空港经济区发展阶段与产业布局的分析中得出，随着空港经济区阶段性的演进进程，空港经济区内的产业布局呈现出形成由起步阶段的“机场极化空间”，到成长阶段的“临空产业综合体”，再到成熟阶段的“知识创新空间”的演进序列。通航产业园区也由单一生产功能的生产服务基地，向基于专业化分工，以一个主导产业为核心的临空产业链群发展，最终聚集成以不同主导产业为核心的园区相互关联的大型产业综合体。

依据产业发展规律，国内通航产业园区由于机场的建设情况、通用机场的等级规模、产业专业化分工程度和当地社会、经济条件的不同，主要有以下三种模式（图 2-3）。

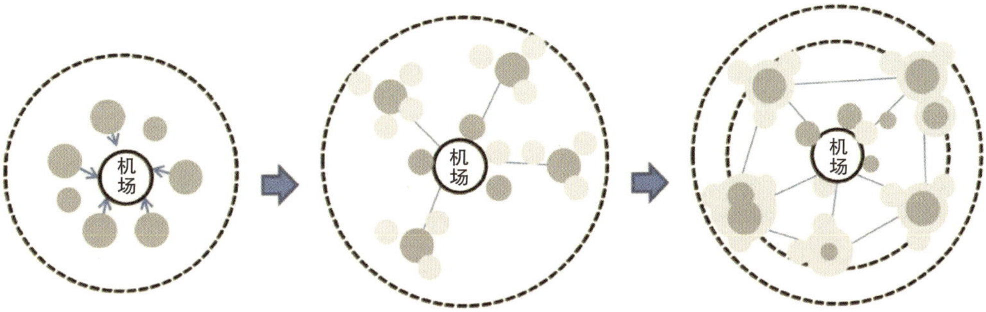

图 2-3 通航产业园的演化进程示意

2.1.4.1 起步阶段：机场极化空间

由工业园区发展而来，采取政府统一划分地块，修建通航机场、招商引资、修建厂房的发展模式，产业空间结构较为单一，仅满足生产性功能，尚未综合考虑配套设施和公共空间的建设。

2.1.4.2 成长阶段：临空产业综合体

随着产业链的延伸及就业人口的增多，呈现出“园区”的发展模式，以通航运营、通航制造主导产业为核心，相关衍生产业与服务设施分区布局，但产业园区规模尚不足以支撑大面积的公共服务设施与居住规模，主要依托城市的公共交通系统，在园区与城市社区之间存在着通勤需求，我国现阶段的专业型通航产业园大多属于此种发展模式。

2.1.4.3 成熟阶段：产业新城

通航产业园的成熟阶段，包含着土地的多功能综合利用。随着研发性的科技产业与生产企业自身产业平台的打造和规模的扩展，吸引大量的项目、资金、人员进驻，通航产业园的基本产业布局发展完善，绿地景观、交通系统、公共服务设施配套等体系也逐渐形成，并融入整个产业新城的总体布局中。

目前国内通航产业园区的发展大部分还处于由第一种模式向第二种模式过渡的阶段，

建设初期由政府统一划分地块，规划建设通航机场，吸引相关工业和企业进驻，仅在地块内布置厂房和部分办公设施，布局模式较为单一，土地集约性不高。随着周边各大园区的规划建设以及产业的整合升级，配套服务设施以及园区环境的营造，产业新城初步形成。

2.1.5 发展模式

从中国目前通用航空产业园的发展模式来看，通用航空围绕通航机场形成了以航空飞机维修、制造为核心的产业园区，同时也有以航空制造 + 运营为主的，发展私人飞行、航空作业等业务产业园区。此外还有更加综合性的，除了通航制造、运营、运营综合保障外，还附加酒店、旅游、住宅业务的通用航空产业园。

基于通航产业链，围绕通航机场核心基地业态，通航产业园可以拓展不同层次的通航相关业态，形成“核心基地 + 服务区”、“核心基地 + 生产区”、“核心基地 + 生产区 + 服务区”、“核心基地 + 服务区 + 商贸区 + 生产区”等不同发展模式。

2.1.5.1 “核心基地 + 服务区”模式

“核心基地 + 服务区”模式主要是在通航基地的基础上重点拓展通航服务功能，通航服务包括通航作业、飞行培训、飞行俱乐部和 FBO（固定基地运营商）等通用航空运营与服务。以通航机场为依托，机务等技术部门为支持，市场营销为指导，后勤服务为补充，全面覆盖通航服务，致力于打造全程无忧飞行的有机服务整体。这种模式适用于区位较好、人均可支配收入水平较高、经济实力强的地区。通航是个既能拉动制造业，又能刺激服务业的产业，以飞行带动服务业发展。

2.1.5.2 “核心基地 + 生产区”模式

“核心基地 + 生产区”模式主要是打造通航垂直整合产业发展模式，向上延伸产业链，构筑通航设计研发、生产制造、运营产业链。生产区主要发展飞机的研发、总体设计、零部件加工、发动机与机载设备研发生产、飞机总装及交付试飞。这种模式比较适用于航空基础比较好的地区，如西安、重庆等地方，通过延伸产业链，利用自身优势来引领通航发展。

2.1.5.3 “核心基地 + 生产区 + 服务区”模式

“核心基地 + 生产区 + 服务区”模式主要是打造上游研发、制造和下游通航服务产业链，构建完整的通用航空产业体系，建设集市场开发、设计生产、维修服务、飞行培训及通航运营为一体的产业集群，带动上下游行业的协调发展。这种模式是综合性的通航产业园，以园区为平台带动通航产业链的聚集，需要有良好的外部环境，需要在产业扶持政策、基础设施建设、研发运营人才培训等方面予以支撑。

2.1.5.4 “核心基地 + 服务区 + 商贸区 + 生产区”模式

“核心基地 + 服务区 + 商贸区 + 生产区”模式旨在打造全产业链、全价值链的通航产业发展模式，统筹通用航空生产、运营与服务产业发展，通过飞行拉动产业发展，以飞行带动商业发展，根据市场需求发展通航商贸，为高端商务活动提供服务，包括通航产业上下游企业办公场所、航空主题酒店及相关物业，提供与通航相关的商业服务，比如通航主题休闲服务、通航主题商品销售等。能够带动整个通航产业形成完整产业链，使通航产业飞起来。这种模式需与当地的经济、产业的发展状况相匹配，并与当地经济未来发展的战略相适应。同时，地方政府必须要出台相关的鼓励、优惠政策，包括土地、税收、金融政策，甚至给予适量的财政补贴。

2.2 发展现状

我国的通用航空产业园发展可以划分为三个阶段：

第一阶段是 2010 年之前，这一时期我国通用航空产业发展的步伐相对缓慢。自 2003 年到 2010 年，国家共批准了 9 个国家级的航空产业基地，随着各地的航空产业园的获批，通用航空产业园区相伴而生，大多由国家批准或省级政府设立，且主要分布在省会或者较大城市。如西安阎良国家航空高新技术产业基地、珠海航空产业园等。

第二阶段是 2010 ~ 2012 年，这个阶段随着空域改革的逐步深化，各地通航产业园区呈现爆发式增长，两年间新增了近百个通航产业园，开始出现独立的“通用航空产业园（基地）”。近 30 个省、市、自治区相继编制出台通航产业发展规划，市、县两级政府成为园区设立、规划建设的主体，如：沈阳法库通用航空产业园、株洲航空城等。大多数通用航空产业园选择了“全产业链”发展模式。这一阶段通航园区建设基本覆盖了经济相对发达、航空资源集中、制造业基础雄厚的区域。

第三阶段是 2013 年之后。在前两年的快速增长之后，通航园区的建设步伐有所放缓，2013 年新规划建设园区约 30 个。但随着 2014、2015 两年来国家低空空域改革力度的加大，政策不断深化，通航企业设立门槛的降低，机场建设审批权的逐级下放，从大的环境看，更适合通用航空产业园的建设。地方政府也对通用航空产业对当地现有产业转型升级的推动作用有了认识和了解，欲在产业快速发展之初抓住机会，加入通用航空的发展网络，各地纷纷开始规划机场，建设园区。新建园区开始向县、区、镇延伸。

经历了以上三个阶段的发展，从总体来看，我国通航产业园的规划方兴未艾，目前在十几个省市都已建有一定规模的通航产业园。这些园区的业务覆盖了与通航制造业直接相关的整机研制、基础材料生产与加工、配套零部件研发制造、新材料研制、发动机研制开发、机体制造、通信设备研制等多方面，同时还带动了地面设备研制、通航维修服务、通航训练等上下游产业。另一方面还促进了金融服务、人才培养等相关产业的发展。总而言之，航空产业园的规划新建大大加强了当地的经济实力和产业发展，初步形成了规模经济和范围经济，同时提升了我国总体航空产业水平。国内现有部分航空（通航）产业园规划情况如表 2-1 所示。

国内现有部分航空（通航）产业园规划情况　　表2-1

通航产业园	所在地	成立时间	产业格局
合肥航空产业园	江西合肥	2007 年	致力于发展航空供氧、航空副油箱等军用装备及空调制冷、汽车零配件等民用产业
西安阎良国家航空高技术产业基地	陕西西安	2005 年	以整机制造为主干产业，以航空发动机、机载系统、航空大部件、航空新材料为分支产业，以航空零部件加工、航空维修、转包生产、航空教育培训、航空旅游博览等为配套产业
渭南蒲城通用航空产业园	陕西渭南	2008 年	从飞行员培训和飞行体验做起，在此基础上开展通用航空博览和航空旅游，适时引进通用航空制造、服务业、房地产开发、通用航空运营等业务，构建通航产业发展环境
珠海航空高技术产业基地	广东珠海	2008 年	以通用飞机制造为主，重点发展飞机总装、飞机零部件加工制造、航空航天新材料、航空电子、数控中心、航空维护、航空维修与大修、航空教育培训、航空服务和航空物流等项目
南昌航空高技术产业基地	江西南昌	2008 年	为在低空空间技术领域集无人驾驶飞机产品研发、设计、生产、销售等为一体的大型综合航空电子产业化基地，生产无人驾驶直升机及其他航空电子类产品
石家庄通用航空产业基地	河北石家庄	2008 年	生产 Y5B 系列、Y15-2000、小鹰 500、海鸥 300 等通用飞机，引进 5 ~ 8 座高档公务机项目合作生产，“十二五”末形成年产高档公务机 8 ~ 10 架的生产能力
沈阳航空高技术产业基地	辽宁沈阳	2009 年	重点实施飞机、航空发动机、航空电子等机载设备的设计、研发、制造和维修项目，重型燃气轮机等航空高科技衍生产品和成套设备制造项目，航空培训和工程技术研发等
荆门爱飞客航空小镇	湖北荆门	2014 年	以通用航空运营为依托，航空培训和航空运动体验为特色，通用航空器研发与制造为基础，集聚发展通用航空全产业链，以生态休闲、动感娱乐、时尚体验为特色的欢乐主题小镇
重庆两江新区航空产业园	重庆	2014 年	塞乐威航空科技、捷克通用飞机、曙光航空零部件产业园和重庆两江航空职业学院四大航空产业项目。涵盖通用航空标准规范、整机制造、航空人才培养、航空零部件制造等领域
山东大高通用航空城	山东滨州	2002 年	投资建立滨州钻石飞机制造厂，生产和经营钻石系列飞机。滨州飞行学院，以大高通用航空城为依托，2006 年，经教育部批准，民航总局同意，设置了飞行技术本科专业，并顺利招收了首批飞行学员，是全国第一家培养飞行员的地方普通本科院校

截至 2015 年，除由国家发改委批准的 11 个国家级航空（航天）高技术产业基地以外，全国已有超过 150 个县级及以上城市已经开始建设或计划建设通用航空产业园区（基地）。但目前，具有一定规模并运行良好的园区仅有 8 个，大部分通航园区仍处于“计划”阶段。已起步发展的园区多为一家企业撑天下，并且这些企业大多依托外方技术，产品由外方

回购或少量销往国内。具有自主知识产权的民营企业很少，主要有山河科技、北航机械厂（已被飞龙天地集团收购）、沈阳中体公司等，产品均为轻型飞机，用于农林作业、消防灭火、航拍、飞行体验等。

现有园区中，信息披露有规划建设占地面积的园区共计73个，规划总占地面积664.06平方公里（99.61万亩）。平均每个园区规划占地面积9.1平方公里（约1.37万亩）；规划最大的园区占地面积182平方公里（27.3万亩），最小的园区占地面积50亩。73个园区中，规划面积1000亩（不含）以下的园区有12个，占16.4%；规划面积1000亩以上5000亩（不含）以下的园区有29个，占39.7%；规划面积5000亩以上10000亩（不含）以下的园区有10个，占13.7%；规划面积10000亩以上20000亩（不含）以下的园区有7个，占9.6%；规划面积20000亩以上的园区有15个，占20.6%。

总的来看，通用航空、通用航空产业园的概念已被社会普遍认识和接纳，通用航空产业园的建设满足了各级政府在产业结构转型升级的大背景下，发展能引领高端产业发展的专业园区的愿望。通航园区的快速发展，短时期内加快了各地关于通用航空产业发展的必要基础设施的建设，完成了通用航空从零开始的发展，客观上对通用航空网络建设和产业发展起到了积极的作用。现阶段我国通航产业园区发展的势头良好，前景广阔，但在规模、效益、功能等方面尚存不足。空港经济的产业化和规模化不明显，机场周边地区的土地利用模式为低强度、低效益的开发模式。建设者对空港经济区定位的模糊也使其在产业结构和空间规划布局方面无法凸显航空特色，对于通航产业园区的规划建设缺乏相对成熟的标准依据和协调发展规划。

2.3 竞争力因素

2.3.1 城市经济条件

城市的推动作用是产业园发展的重要外力。机场所在的城市经济发展水平是空港经济发展的重要保障，空港经济的形成和发展固然是以航空运输能力为前提，但同时也需要所依托城市和区域的经济、社会等条件的支持。

第一，城市经济的总体规模和结构制约着通航产业园的发展。城市经济的总体发展带来了强大的人流和物流，优化了产业结构，高新技术产业、现代服务业及会展业随之兴起，城市经济的发展框架影响着产业园的发展定位。同时，城市的发展也会提高居民的消费水平和需求层次从而拓展航空运输业的市场，扩大产业园的发展空间。

第二，城市空间不断向周边延伸为通航产业园的发展提供了契机。随着城镇化进程的加快，特别是拥有航空港的大中型城市郊区化趋势明显，城市内部空间结构不断向高效集约化转变，城市用地出现“退二进三”局面，也形成了不少郊区新城。城市化水平越高，城市郊区化越明显，机场所在城市的推力和以机场为核心的空港产生的拉力相结合，使临空产业在机场及周边地区汇聚。

2.3.2 交通区位条件

通用航空产业园在未来几年内主要发展方向是打造成高新技术为主线的空港城，因此必备条件是占据良好的区位和地理位置，形成一个与周边地区功能互补、相互依托并可持续发展的城市功能组团。从宏观区位来看，通航产业园所依托的机场大多拥有丰富的航线资源和特殊的区位优势，所在城市也大多是区域性的中心城市。

一般来说，一个地区的地理位置与大城市接壤，城市相邻公路、铁路、航空等网络发达的地区，通航产业园相对具有高科技企业进驻的优势和人才便利。反之，通航产业园吸引大型项目和引进人才就较为困难。通航机场一般建在郊区，临空经济区要发展起来，没有完善的交通基础设施是不行的。而像机场高速、地铁、轻轨以及各级公路等交通基础设施的建设需要大量的前期投资，而且收益回收得比较慢。这需要地方政府的大力财政支持，否则通航产业园的优势将无法发挥。

2.3.3 产业聚集程度

产业集聚最早由德国经济学家 Alfred Weber（1909）首先在《工业区位论》中提出，他认为产业集聚是源于各种因素的集中和彼此相互作用带来的经济收益以及成本节约动机下的产业集中。产业集聚是构成通航产业园的基础。

提出钻石理论的波特（1998）认为：企业从集群中获得供应商、专业化信息、公共服务以及获得专业化技能和有工作经验的雇员以获得竞争优势；微观层次的企业由于地理集中形成中观层次的产业集聚，使本地化经济和外部化经济得到加强，产生协同效应获得竞争优势。仇保兴（1998）认为集群内的每个小企业都可以获得集群外的企业所没有的优势，通过专业化分工的原则形成的小企业集群组织使大多数行业中小企业降低了集群企业的交易成本（外部化价格和内部化价格），从而提高了企业的效率和市场竞争力。产业聚集能有效提高园区内企业的竞争力。企业作为产业园的发展主体，产业园的聚集程度会极大影响入驻企业的发展。基于此，产业聚集程度是产业园竞争力的一项重要指标。

机场不断地吸引着众多与航空业相关行业聚集到其周围，潜移默化中形成临空产业体系，使大量的生产、技术、资本、信息、人口等要素聚集于机场及周边地区，促进了高新技术产业、现代制造业、现代服务业等行业的高速发展和多业聚集，实现以临空指向产业为主导、多种产业有机关联的产业体系，并正在创造一个以航空数字化、全球化和时间价值为基础的全新竞争体系。这样，机场所在的通航产业园会逐步发展成为所在城市的经济中心之一。

当产业集聚到一定程度时，会出现一定的集聚经济现象，即集聚规模超过了一定限度而出现的人口稠密、地价上涨、交通拥挤、生活费用和生产成本大幅度上升、环境污染等情况，这样一些产业不得不迁移出去，实现产业转移。另外为了寻求新的发展机会和减轻集聚地区的竞争压力，一些企业会主动向周边地区开拓市场。同时政府为了解决产业集聚过度而造成的一些问题，也会主动引导一些产业向周边地区扩散。当然，产业扩散到一定限度时，同样会产生扩散不经济，在此临界点上，扩散行为中止，通航产业园或临空经济区的边界形成。

2.3.4　资金政策支持

除了产业政策、区域经济政策外，土地政策、税收政策、信贷政策、金融政策等都是产业园发展的基础环境。对于政府来说，税收收入是地方政府重要的财政收入来源，同时政府通过实施结构性减税政策，推进财政体制改革，还能发挥政府公共财政在产业结构调整和经济发展方面的调控作用。对于产业园而言，产业园可以通过园区税收优惠政策吸引相关企业入驻并引进相关人才，为园区的健康、稳定、可持续发展提供充分支持。

政府支持是通航产业园发展的重要保障。当前中国临空经济的发展模式绝大多数为地方政府行政主导型，许多地方政府已将通航产业放到了优先发展的位置。通过发展临空经济，培育新的经济增长点，带动区域经济增长已成为城市管理者们形成的共识。地方政府在税收、土地、金融等方面推出不少优惠政策，为临空经济发展提供宽松的环境。这种政策支持，在一定环境下甚至起到决定性的作用。

2.3.5　组织运营能力

要追求通航产业园公共利益以及经济利益的最大化，就要求其在管理的过程中具有经营的理念，并讲求管理的效率和效能。一般来说行政化的管理缺乏竞争性和灵活性，不能达到园区发展的目标。因此，通航产业园运营就是以企业化的经营理念，强调效率和效果，整合投入资源，设计园区运营系统，并对园区的运行情况进行控制管理。其中，园区的运营战略定位是指为了实现园区发展目标，制定出包括园区定位、资源优化配置、园区建设和产业发展的运营战略。

第 3 章　产业地产

3.1　基本情况

3.1.1　概念定义

房地产根据项目的用地属性和产品用途等因素进行分类，可以划分为住宅地产、旅游地产、商业地产、产业地产。产业地产作为房地产中的一种，其定义是在政府政策引导下，以产业为依托、地产为载体，通过打造产业价值链一体化发展平台和融合产、学、研、办公等多重功能的产业集群，来提升企业品牌知名度以及综合竞争力，推动战略性新兴产业和区域经济创新发展的新型产城综合体地产发展模式。主要产品类型包括写字楼、工业厂房、研发和试验用房、物流仓储设施、配套商业和住宅、休闲娱乐设施、景区等。

产业地产定义的内涵，包括以下几个方面的内容：

（1）产业地产是工业地产的升级，二者有很深的渊源。产业地产是在原有工业园区、开发区等工业地产粗放发展暴露了很多问题之后出现的新型地产运营模式。区别于传统工业地产的厂房堆砌，产业地产产品打造更趋向于个性化和生态化（图 3-1）。

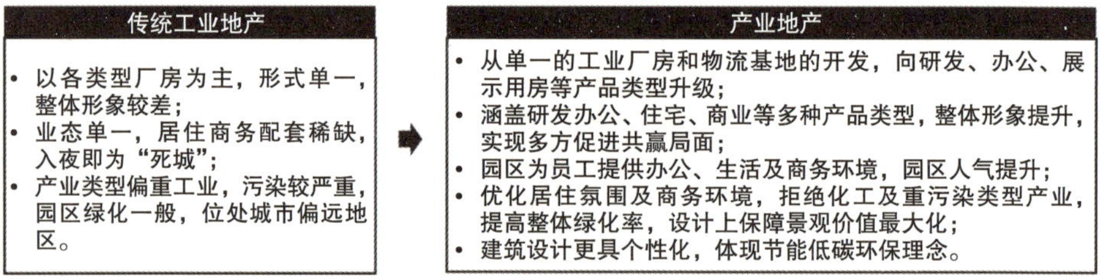

图 3–1　传统工业地产与产业地产对比

（2）产业地产强调平台作用，为园区企业提供集生产设施、产业融合、企业孵化为一体的产业平台。通过平台作用，提升园区企业品牌知名度以及综合竞争力，促进园区企业特别是中小微型企业的发展。

（3）产业地产所提供的产业功能型物业主要包括生产类和办公类产品，同时根据园区需求配建住宅及商业配套（图 3-2）。

图 3-2 产业地产产品分类

3.1.2 我国产业地产发展历程

我国产业地产的发展从 1978 年发展至今，大致可以分为三个阶段（图 3-3）:

第一阶段：1978 年至 1990 年代初，工业地产的粗放型建设阶段。

1979 年，国家批准成立的蛇口工业区，是我国第一个工业区，是现今产业地产的雏形。其后，在沿海经济特区及沿海开放城市兴起了开发工业园区的热潮。当时的园区产品形态单一，多是小规模的工业厂房，功能上以生产制造及仓储物流为主，产业类型上以低附加值的劳动密集型产业为主，园区开发、建设、运营大多由政府主导。

第二阶段：1990 年代初至 20 世纪末，工业地产向产业地产过渡阶段。

这一阶段的园区在产品形态上，由原来的生产制造为主的厂房发展成为生产制造厂房、商务办公用房及部分商业设施并存，园区功能变得更加丰富，园区与城市的发展联系更紧密，成为城市功能的一部分；园区内以产业链为导向，生产要素开始重新整合，出现高新技术、科技孵化等门类众多的新类型。园区开发模式向以政府主导，企业有限度参与为主的方式转变。但这一时期园区的盲目快速发展，也暴露了产业同构现象严重、园区管理不善等各种问题。

第三阶段：从 20 世纪末至今，产业地产快速发展阶段。

进入 21 世纪，园区已经发展成为大型综合性社区，涵盖办公、商业、居住、旅游、教育、休闲等。园区开始具备研发、制造等科技产业区功能，一些园区的商务功能甚至直接从园区当中分离开来，形成新的以商务办公为主的高端园区——总部基地。园区内产业间开始产生协同效应，形成围绕产业集群的布局，为园区内企业创造一体化平台，并提供各种增值服务，成为产业地产开发商新的利润来源。一些传统地产开发商向产业地产商转型，彻底打破了原来政府主导园区开发的局面，丰富了园区开发运营主体，并逐渐成为产业地产开发的中坚力量。

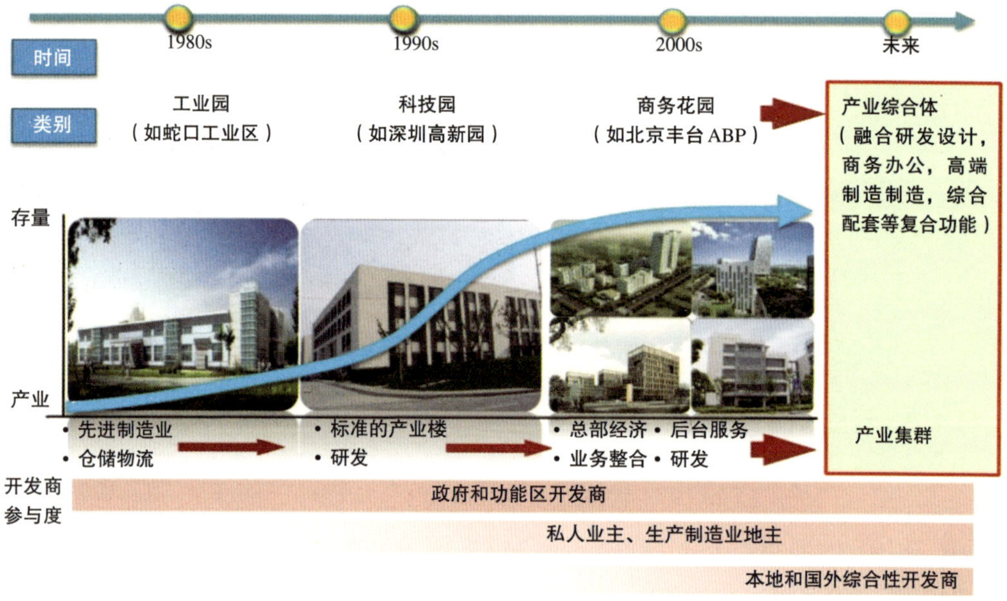

图 3–3　我国产业地产发展历程

3.1.3　发展类型

产业地产的发展会带来价值链的高端聚集，能够优化产业结构，推动产业升级，由此带动整个城市的发展，正因此，各地方政府都对产业地产项目的发展给予充分的支持。同时也可以看出，产业地产在不同阶段所需的发展驱动力也是不尽相同的。我国目前存在的产业地产类型主要有以下几种：

3.1.3.1　工业产业地产

工业地产是产业地产诞生最早的一种形式，它主要依托的是工业这一产业，一般业内对它的界定是：指工业类土地使用性质的所有毛地、熟地，以及该类土地上的建筑物和附属物。它主要通过兴建工业制造厂房、物流仓储以及工业研发楼宇等来吸引相关工业行业群集聚。

工业产业顾名思义就是扶持工业生产，为工业生产提供必要的生产、工作等配套设施及专业服务，主要以兴建工业厂房为主。随着工业地产的不断发展，其已经不单单只代表一种物业形式，开始向一种投资模式、盈利模式以及产业发展模式转变，一般产品类型主要包括劳动密集型工业园和科技工业园。我国目前比较具有代表性的工业地产主要有：上海石化工业园区、海尔工业园区等。

3.1.3.2 旅游产业地产

旅游产业地产主要依托我国传统意义上的旅游业，它一般在具有一定旅游业资源基础上进行房地产业的开发，一方面对旅游的消费人群是一种集聚，另一方面对旅游业开发、策划企业或相关行业也是一种集聚。旅游地产是在旅游业发展的带动作用下，房地产业为满足旅游观光、度假休闲市场的需求而产生，它的主要业态包括度假酒店、度假村、别墅、休闲酒吧、休闲公园、娱乐设施（登山、滑雪场等）等，我国现阶段旅游地产的开发模式主要划分为旅游景区地产开发、旅游商务地产开发、旅游度假地产开发、旅游住宅地产开发四种。目前，我国比较著名的旅游地产项目主要有深圳华侨城项目、成都芙蓉古城项目、上海泰晤士小镇项目等。

3.1.3.3 养老产业地产

养老地产产生于我国人口老龄化越来越严重，老年人所占比例越来越大的社会背景下。它是指由房地产开发建设单位或相关社会机构推出的，根据老年人心理特点、生理特点、健康以及老年人的社会活动需要，建设的适宜老年人居住的住宅以及相关配套设施。这类养老地产会将老年人需要的基本经济需求、日常生活料理、心理及精神疏通、养生等内容包含在内，它的基本存在形式有：老年社区、老年公寓、老年住宅、养老院、护理院等。养老地产由于主要针对对象的特殊性，所以相应地也就需要更多更特别的配套服务设施，如医疗配套服务、康复配套服务等。生活配套设施除了社区必备设备外，在建筑设计上还要重点考虑室内、室外的无障碍设计，让老年人在社区内可以方便地一站式解决各种需求。

目前，我国比较成功的养老地产项目有上海亲和源社区，其中包含了健康会所、颐养院、配餐中心、商业街、活动中心等。北京的汇晨老年公寓项目，它的配套设施更加完善，为老年人日常休闲活动提供了舞蹈厅、健身房、书画室、阅览室等场馆。

3.1.3.4 教育产业地产

教育地产就是房地产项目通过提供基础设施，吸引教育产业入驻，从而提升项目附加值的一种产业地产开发模式。一般它的开发模式主要是由开发商根据教育需要出地、出资金，投入校舍以及硬件设备，学校出师资，引入教育，从而使开发商与学校达成最优资源组合。在教育地产里，开发商会将教育与地产置于同等重要的位置，从某种程度上来看也将有利于我国教育事业的发展。

现在，教育地产存在的形式主要有引进名牌中小学，与大学结合或为高校建立产学研基地等。开发商建成教育基地后，交由当地教育部门管理。教育部门为满足社会日益增长的对高质量教育的需求，引入名校教育资源，调动社会力量参与兴教办学。入住业主将会成为教育地产的最大受益者，不仅获得学区房，其子女可以获得入校优先权、学费优惠政策等。我国开发的较为成功的教育地产项目有：深圳首席教育大盘——桃源居项目，该项目荣获深圳市“绿色生态大盘”、“最佳名校物业”等荣誉称号。该项目引入清华实验学校以及国际教育学校，实行国内国际双轨教育，切实向国内知名大学以及国际项目中输入人才，培养精英，因此吸引了大量业主入住。

3.1.3.5 文化产业地产

文化地产，就是依托文化产业，在地产开发中融合文化因素，通过兴建图书馆、文化公园等文化基地，在地产规划、开发、运营和服务过程中丰富社区文化，聚集文化相关的行业入驻，带动区域文化产业的发展，提升文化影响力。文化地产结合区域特有的文化特质，通过书城、电子阅览室、青少年活动城、影城剧院、文化主题乐园、展会场地等设施的建设，举办一些文化主题活动，以浓厚的文化气息，在消费者和文化产业之间搭建一个平台，来达到传承文化、提升产业、地产价值的目的。我国目前在文化地产领域比较出色的项目有上海浦东的香榭丽花园项目。

3.1.3.6 创意产业地产

创意产业，又称为创意工业、创造性产业等，它主要是指一些企业从一些比较有创造力的个人中获取企业发展动力，或者通过对一些知识产权的深入开发，创造出潜在升值空间的活动。创意产业通常包括工业设计、室内设计、建筑设计、广告设计、服装设计、游戏软件、动漫艺术、网络媒体、时尚艺术、影视制作、品牌发布、工艺品制作、艺术和古董市场、出版业等。

创意产业地产就是指通过改建或新建一些商铺、办公楼或一些基础设施，创造出适合创意产业发展与运作的建筑空间，从而把从事创意产业的企业或个人集聚在一起。通过打造创意产业所需产业空间，形成一定的创意产业集群，使有限的土地资源得到集约化高效利用，并使建筑发挥其最大的效能。创意地产对于创意产业整体性发展具有重要的意义，并逐渐得到了国人的重视。创意创造的价值并不局限于艺术意义上的价值，也融合了科学意义上的价值。例如上海已建成 18 家创意产业园区，包含众多创意产业门类。在“十二五”规划中，上海将创意产业发展重点确定为以下几大类：研发设计创意、文化传媒创意、建筑设计创意、时尚消费创意和策划咨询创意。现在国内比较著名并发展得较为成功的创意产业地产主要有北京的 798 艺术区、上海的 8 号桥、香港的西九龙文娱艺术区等。

3.1.3.7　物流产业地产

物流地产是工业地产的一种特殊形式，主要依托物流产业，由投资商投资开发物流设施，例如物流仓库、物流园区、配送中心、分拨中心等，吸引物流产业链上下游行业的企业入驻，由投资商组织资产管理队伍进行物业管理，提供专业的物流服务。换句话说，物流地产就是一种将物流服务与地产服务一体化相互结合的产物。物流地产投资载体主要有综合物流、商务物流、生产服务以及货运服务，它主要吸引的客户有制造商、电子设备商、产品零售商以及一些物流公司等。国内物流业、电子商务、零售业的快速发展带来对物流地产的大量需求，而外资企业在中国的快速发展，也需要租用大量的仓储设施，在这种市场强大的需求带动下，物流产业也会进入高速的发展期。

在我国现在的市场来看，占据市场份额最大的要数外企普洛斯，它作为亚洲最大的物流地产供应商和物流产业服务商，拥有成熟的物流地产运营流程。国内的富力空港物流园依赖机场、高速公路、港口码头等立体的交通体系，依托联邦快递，建设货运服务性物流园区，并设有办公大楼、酒店、住宅等配套设施，为国内房地产企业涉足物流地产提供了样板。

3.1.3.8　体育产业地产

2008 年北京奥运会的成功举办带动了我国体育产业的高速发展，体育地产这种依托于体育产业的地产开发模式也就应运而生。它是指地产开发商在特定的地域空间内，以体育资源为核心，将体育元素引入地产总体规划与开发过程中，大力兴建体育中心，从而吸引体育相关企业入驻，通过赛事经济，吸引消费者，进而发展商贸、会展、酒店等配套服务，形成产业集聚。体育地产将体育与地产联系在一起，结合双方的优势并进行整合优化，从而让体育产业与地产产业在资源上充分结合，使二者资源价值发挥最大化，满足更多消费者的需求，尤其地产与体育的爱好消费者的需求，这样既可以扩大消费者群体又可以发展体育区域经济。

目前，我国体育地产的开发范例有昆明的新亚洲·体育城项目，该项目开发分为运动休闲区、商务会展区、主体居住区和文化教育区，其中运动休闲区包含了万人体育馆、国际标准田径赛场、击剑馆、篮球馆、羽毛球馆、国际网球中心等十大运动项目，快速形成一个以体育主场馆、综合性配套设施构成的核心引擎区，带动整体经济一起推进。

3.1.3.9　临空产业地产

临空产业地产是兴建于大型机场附近，借助其得天独厚的地理位置，吸引大量人流、物流而发展起来的一种产业地产形式，它提供的设施主要包括客货运输、仓储加工、综合贸易、高新技术、商业服务、会议展览、生活居住、园艺农业和文娱体育等。本书研究的通航产业园本质上属于临空产业地产。

临空产业地产就是在临空产业上发展起来的一种产业地产形式，临空产业借助于四通八达的交通条件以及成熟的相关配套条件，带动依赖机场基础设施和产业环境的相关企业的集聚。临空经济是地区性经济发展的发动机，每年 150 万人次航空旅客运输量相当于产生 1.5 亿美元的经济效益和 3000 个就业岗位。

目前，从我国各大中城市兴起的“临空经济”、“空港建设”中，可以看出临空产业地产已经得到了政府与企业的广泛认可。它依托良好的机场基础设施，带动关联性产业的集聚。它也以独到的地理位置和发展优势，跨越了行政区域和国际界限，吸引了全球的跨国企业和高价值企业入驻。同时它也顺应了全球产业升级的大潮流，为产业地产发展提供了新的契机。临空产业地产借助机场区位优势，建设系列相关配套设施，吸引具有高价值的企业入驻的产业发展形式，符合产业地产开发价值最大化的方向。我国现在围绕机场大力提倡临空经济圈，发展临空产业地产的城市主要有北京、上海、广州、成都、重庆、西安等。

3.1.3.10 总部经济产业地产

总部经济地产，是指地产开发建设单位通过资源优势，吸引各大型产业企业单位总部入驻，以企业总部的带动效应，使更多的相关企业总部集聚在同一个区域，并引导其将加工生产基地布局在一些成本相对来说比较低廉的郊区，帮助企业优化成本价值链，使其更加合理。总部经济地产，使企业高端部门聚集在这里，包括产品研发、销售策划、营销、资本运作、战略管理等，都属于高密度的知识性劳动，也聚集了大量高级智力人才，更重要的是，不管是对企业总部来说，还是对企业总部的高级白领来说，都可以为当地政府创造丰厚的企业税收及个人税收。我国总部经济地产中典型范例如北京丰台的总部基地项目，它以总部小公寓、五星级酒店、技术转移中心等配套设施形成了一个总部聚集的总部经济新区，吸引了以科技型企业为主，涉及八大行业的近 40 个领域的企业入驻。

3.1.3.11 生物医药产业地产

生物医药产业是将生物产业与医药产业相融合，生物医药产业地产是指以生物医药产业为依托，为其建造研发基地、大型实验区，吸引智力密集型的研发机构、企业甚至是个人入驻，促进企业、资金、技术、人才等重要因素集中在一起，加快生物医药产业的集聚化、特色化发展。生物医药产业地产的建设，为生物医药产业的发展提供了优质的环境资源，又促使国内先进生物医药产业集聚在这里，优化了生物医药产业的结构与布局，辐射和带动了我国生物医药产业快速发展。我国目前最具特色的生物医药产业地产为上海的张江高科技园区，它的重点发展项目有基因工程药物、现代中药、化学合成创新药物以及生物医学工程等领域，结合重大项目的实施，促进了大型生物企业集团的整合以及中小企业的发展，发展成为国家级中药的综合性生物研发、生产和出口基地。

3.1.3.12　环保产业地产

环保产业，主要包括环境保护设备制造和环境保护管理两大类别，我国环保总局对它的定义是，在国民经济中为环境污染防治、生态保护与恢复、有效利用资源、满足人们环境需求，为社会、经济可持续发展提供产品和服务支持的产业。环保产业地产是依托于这种环保产业，为以环保为目的进行的产品研发、生态设计等提供地产载体，为其创造良好的技术研究、推广环境，从而吸引从事环保产业的个人或企业集聚，加速环保产业的研发。环保产业受到我国政策的大力支持，为产业地产的发展提供了广阔的空间，目前全国各地兴建的有北京环保产业园、苏州国家环保高新技术产业园、青岛国家环保产业园等。

3.1.3.13　其他产业地产

其他产业包括重型装备制药业、信息技术产业等，它们都在近阶段受到国家政策的支持。产业地产，就是依托这些产业，通过为这些产业创建产业园区相关配套设施及提供产业发展所需的专业服务，吸引相关企业入驻，并带动相关行业产业链上下游企业的聚集，进而带动地产的升级转型，最终带动区域整体经济的发展，打造三方共赢的局势。

3.2　开发模式与特点

3.2.1　开发模式

3.2.1.1　开发主体角度

从产业地产开发主体来看，我国目前存在的产业地产开发模式主要有政府主导模式、主体企业引导模式、产业地产商模式、综合运作模式四种模式（图 3-4）。目前较为大型且成功的还是以政府主导居多。

（1）政府主导模式

产业园区开发模式是由政府主导的，政府根据城市规划发展需要，结合区域优势产业的实际情况，通过制定相关产业支持政策，利用招商引资、土地出让等方式引进符合相关发展条件的产业项目，以地产为载体，依托产业项目，实现区域经济的发展及城市功能建设的完备。由于是由政府引导并支持的，那么一方面在规划中政府就会充分考虑到经济发展、社会发展、民生等因素，让产业地产项目成为推动当地经济发展的助推器。另一方面，为吸引产业入驻，政府就会出台系列支持政策，例如税收优惠等条件，从而促使形成产业化的区域模块，带动产业地产凝聚力与辐射力的提高。当这样多个产业地产模块在该区域形成时，该区域的产业专业化水平就会得到极大的提升，经济得到飞速的发展，可以为当地政府带来税收及带动就业。采用这种开发模式的产业项目主要有北

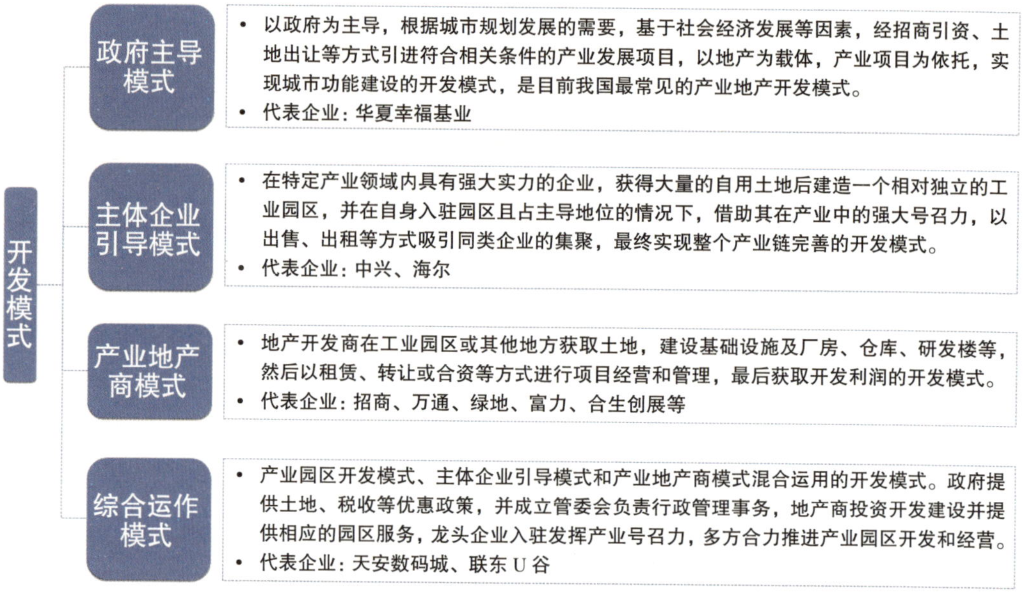

图 3–4　开发主体角度下的产业地产开发模式

京经济技术开发区、大连经济技术开发区、广州经济技术开发区等。

这种开发模式是我国政府目前最常采用的产业地产开发模式，同样也是我国工业地产市场的主要载体。该类产业园区一般都会成为该地区内外经济的交汇点，能够在产业链中很好地起到辐射、示范、带动作用，是促进区域经济发展、功能区建设的重要推动器。

（2）主体企业引导模式

主体企业引导模式，主要是指一些企业在某个产业上占有得天独厚的优势，且综合实力强大，首先出于对自身获得更好发展的目的，获取大量的自用土地，创建一个相对独立的产业园区并入驻。占据主导地位后，再利用自己在该产业行业中拥有的强大凝聚力与号召力，通过土地再开发，完善配套设施，以出让、租赁的形式吸引更多同类企业的集聚，从而实现整个产业链的打造与完善。这种开发模式引导的企业主要有 ZTE 中兴、海尔产业园、五矿产业园等。这种模式以产业主体企业为主导，一方面满足了产业主体企业自身发展战略的需要，另一方面通过带动同种产业的聚焦促进了整个城市经济的专业化建设。然而这种开发模式的局限就在于，由于缺乏政府部门的主导，完全自发形成，于是就造成了在没有政策的扶持下建设进度较慢，与城市或区域在整体的建设上也缺乏整体的规划，所以就会难以作为城市专业化发展的主要模式。

（3）产业地产商模式

产业地产商模式是由房地产开发建设单位为主导，按照房地产开发建设运营销售或租赁的模式开发产业地产，一般先是在工业园区或其他地方获得工业土地项目，然后进行项目道路、绿化等基础设施建设与厂方、仓库、研发实验室等房产项目的营建，建成后通过租赁、转让或合资、合作经营的方式进行项目相关设施的经营、管理，最后获取合理的地产开发利润。我国采用这种开发模式的地产商主要有招商局地产、富力地产、万通地产等。这种产业地产的开发模式属于产业地产的初级开发运营模式，依旧采用房地产开发模式，地产开发商与整个产业的结合并不紧密，而且由于这些地产商的利润出发点并不是建立在产业的发展繁荣上，而产业本身也并不过分依赖于其所使用的地产，因此很难形成一定的产业辐射力。

（4）综合运作模式

综合运作模式，是指对以上提到的主体企业引导模式、产业地产商开发模式以及政府引导的产业园区开发模式进行混合使用的一种开发模式。鉴于产业地产项目一般开发规模都比较大，而且涉及的项目经营范围也非常广，它的发展既需要在土地、税收等政策上的有力支持，又需要在开发建设过程中资金的良性运作，还需要具备在产业地产建成后，对后期经营运作的能力，因此，在这种更深层次的要求下，单单采用一种开发模式已经很难达到让产业项目顺利推进的目的，因此必须对政府、开发商、主体企业这三方主导的开发模式进行综合运用。这样的项目案例主要有深圳天安数码城、北京中关村软件园等。

3.2.1.2　项目建设角度

（1）大而全的产业新城模式

如果一个产业园区的选址是在非城市核心的远近郊地区，那么可以讲产业园的发展过程就是这个地区的城市化进程。如图 3-5 所示，本书研究的通航产业园属于此类模式。

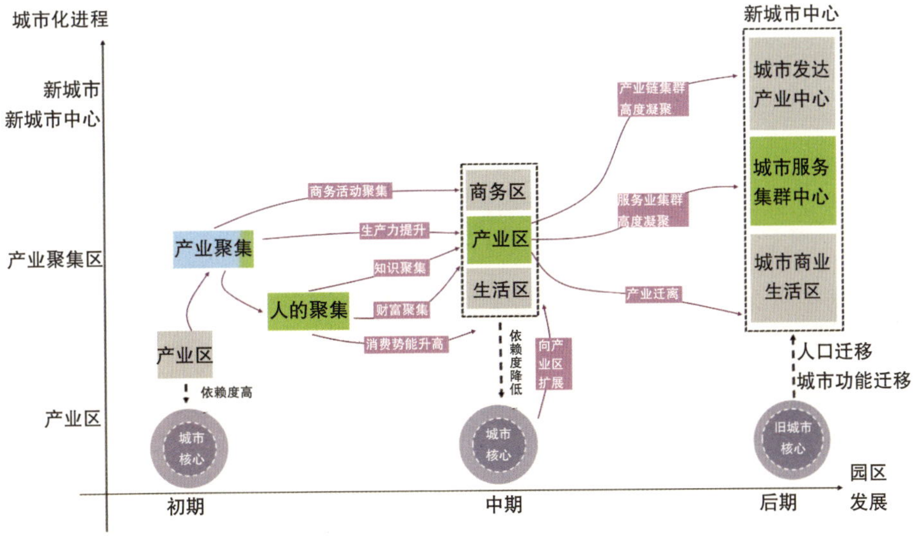

图 3–5　新城模式产业地产发展进程

（2）小而精的连锁模式（图 3-6）

图 3-6 以 3W 为例的连锁模式产业地产发展历程

将两者进行对比得出表 3-1。

产业新城模式与连锁模式对比研究 表3-1

建设模式	产业新城模式	连锁模式
项目位置	城郊接合部	城市副中心为主，城郊为辅
项目面积及容积率	占地 1000 亩或以上，容积率 0.6 ～ 3.0 之间	占地面积 10 ～ 100 亩之间，容积率 1.5 ～ 3.0 之间
项目内容	面向该地区的某个产业群，以工业、物流项目为主	面向地区的某个产业群，以商贸、中小私营为主
主导产业	主导产业结合地方特点确定	主导产业明确
就业岗位	5000 ～ 10000 个	500 ～ 2000 个
携眷系数	1.3 ～ 1.6	1.1
配套建设	住宅区、公寓、酒店、购物、休闲、娱乐等	无（社会配套）
投资额度	3 亿元以上	2000 万元左右（单个）
建设周期	2 年	1 年
效益情况	较好	较好

3.2.2 盈利模式

根据产业地产开发价值链，即一级土地整理、主体设施开发、配套设施开发和园区运营管理，著者认为在以上各环节中产业地产企业现阶段普遍存在的盈利模式主要有八种，一级土地整理环节主要是一级土地开发模式，主体设施开发环节包括物业租售模式（含出租、出售和租售结合）、定制开发模式、收购回租模式，配套设施开发环节主要是配套设施开发模式，园区运营管理环节包括股权投资模式、基金管理模式、增值服务模式（图 3-7）。

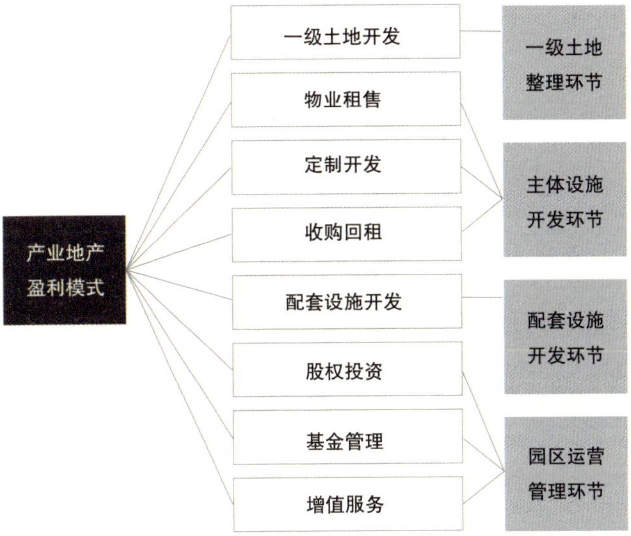

图 3-7 产业地产盈利模式

（1）一级土地开发模式

对土地进行一级开发，主要以土地溢价增值而获取利润。开发商以低价获取土地的整理经营权，在完成项目基础设施建设后，将项目中部分土地提前转让给入驻企业或转让给其他产业地产投资开发商。

（2）物业租售模式

进行项目开发，通过物业出售、物业出租或租售结合的方式获取利润。

物业出租是指开发商通过向入驻企业收取租金将园区主体设施出租的获利形式。这种经营形式可以提高企业的入驻率，能使开发企业获得持续稳定的租金收益，还可通过后期对物业的经营，实现物业价值的增值。但是，由于物业出租方式对开发商的实力要求很高，且物业出租资金回收慢，获得利润的周期长，企业很容易陷入资金链断裂的困境。

物业出售是开发企业将园区主体设施如厂房、办公楼、写字楼、配套住宅、配套商业等出售给入驻企业的获利形式。这种经营方式采取的是一次性交易，有利于企业快速回笼资金，降低企业经营风险。但也对入驻企业的资金实力设置了门槛，入驻企业需要拿出大量资金来购买资产，很多没有购买力的客户就被挡在门外，因此无形之中就缩小了客户的范围，增大了招商的压力，导致空置率上升，同时企业也丧失了物业后期升值的利益。

租售结合是开发商通过物业出租和物业出售相结合的方式将园区主体设施提供给入驻企业的获利形式。这种形式是目前产业地产企业使用最多的一种盈利模式，也只有在这种模式下园区入驻率是最高的，其既涵盖了资金实力强的大客户，也囊括了实力相对较弱的中小客户，一方面通过销售可以回笼部分资金，满足企业滚动开发的要求，另一方面可以持有部分物业，享受到后期物业增值的好处。但这种模式也存在缺陷——出租和销售的比例不易控制。

（3）定制开发模式

按照客户需求，定制开发物业而获利。开发企业按照客户投资要求和生产研发办公需求，以定制租赁或出售方式，为其量身打造相应物业，从而达到有效降低客户投资风险和投入成本，促进客户快速发展的同时，实现最低风险下的项目收益的目的。比如比利时皇家企业 IBA 亚太区总部及研发制造中心就是典型的定制项目，北京坤鼎投资管理集团按照企业的需求，为其建造了生产厂房和办公楼。

（4）收购回租模式

收购回租即开发企业通过收购入驻企业或第三方所有的物业，然后以回租的方式继续交由其使用。针对部分面临资金紧张及扩张需求的企业，开发商可以通过收购企业方所有的工业物业及土地，并以回租的方式交由其使用，从而为该企业发展换取所需资金，同时保障相应政府及企业利益不受影响。比如 2011 年芬兰的维可福斯北京公司资金出现问题，经过双方协商，北京坤鼎投资管理集团就通过收购回租的方式给该公司提供了资金支持。

（5）配套设施开发模式

园区配套设施主要是指为满足园区运营需要而与主体设施配套建设的各种园区服务性设施，包含基础配套设施和公共配套设施。本书所指的配套设施主要是指公共配套设施，如娱乐休闲设施、商业设施、配套住宅等。园区配套用地是政府为了补偿开发商主体设施开发环节的利润而特别配置的，虽然面积占比很小，但盈利空间很大。例如，据有关研究机构的不完全统计，华夏幸福基业的主营业务收入中 50% 左右来自园区住宅配套收入。

（6）股权投资模式

对园内企业进行股权投资，即以货币资金、无形资产和其他实物资产直接投资于园内企业，来实现长期收益，比如，天安数码城就通过对园内企业实施“租金换股权”和“现金换股权”的方式实现股权投资。另外，与天安数码城有战略合作的创投公司，新成立全资下属的创新基金，联合政府和其他基金，也会针对入驻企业以物业租金和现金的形式进行股权投资。天安数码城园区有专门针对企业的园区共同基金，通过物业入股、租金入股等灵活的金融手段来投资高成长性企业和培养创业型企业，解决科技型中小企业资金难题。

（7）基金管理模式

企业通过组织投资者募集资金，收购地产，设立基金，并由企业作为基金管理者管理基金以及基金旗下的物业，企业通过收取基金管理费和基金分红获得收益。

（8）增值服务模式

在后期运营阶段，为保障园区基本运转，开发企业会为园区入驻企业提供基本的物业服务，如保持环境干净、安全，为园区内企业职工提供良好的生活、休闲、工作配套服务等，现在这类基本物业服务几乎每个园区都存在，而且盈利空间很小。目前，在市场竞争越来越激烈的情况下，针对入园企业的需求，提供丰富多样的增值服务，如代为人才招聘，提供咨询服务，提供法律服务、配餐服务，车辆租赁、绿植租摆、票务酒店代订等公共秘书服务，有偿共性培训或团队拓展等，通过对增值服务收取一定的费用，已然成为了新的利润增长点。

产业地产盈利模式可根据园区开发过程中不同环节而不同，即使是相同环节，不同企业采取的盈利模式也不尽相同。按照开发流程各环节总结归纳盈利模式比较如表 3-2 所示。

产业地产企业盈利模式对比分析 表3-2

<table>
<tr><th>各开发环节</th><th colspan="2">盈利模式</th><th>优点</th><th>缺点</th></tr>
<tr><td>一级土地整理</td><td colspan="2">一级土地开发</td><td>资金回笼快，投资收益率高，风险较小</td><td>对园区管理不利，增加企业入驻成本</td></tr>
<tr><td rowspan="5">主体设施开发</td><td rowspan="3">物业租售</td><td>物业出租</td><td>空置率低，能获得稳定租金收益；后期可享受物业增值收益</td><td>资金回笼慢，对开发商资金实力要求较高</td></tr>
<tr><td>物业出售</td><td>能较快回笼大量资金，适合滚动开发。客户多为大企业入驻，能提升园区品牌形象。后期管理成本低</td><td>客户面窄，招商周期长，空置率高；不能享受物业增值收益，不利于园区长期经营</td></tr>
<tr><td>租售结合</td><td>客户范围广，招商较灵活，资金回笼效率高</td><td>租售比例不易控制</td></tr>
<tr><td colspan="2">定制开发</td><td>一般会收取首付款，减少资金压力；风险较小</td><td>收益相对较小</td></tr>
<tr><td colspan="2">收购回租</td><td>有利于园区入驻企业发展，可享受后期物业增值收益</td><td>资金回笼效率低，风险较大，对开发商资金实力有较高要求</td></tr>
<tr><td>配套设施开发环节</td><td colspan="2">配套设施开发</td><td>投资收益率高、风险小</td><td>配套设施开发面积占项目总面积比例小</td></tr>
<tr><td rowspan="3">园区运营管理环节</td><td colspan="2">股权投资</td><td>收益持续时间长，促进入驻企业发展</td><td>投资风险大，投资收益率较低</td></tr>
<tr><td colspan="2">基金管理</td><td>能促进企业大规模扩张，能获得持续稳定收益</td><td>对开发商资金管理能力有较高的要求</td></tr>
<tr><td colspan="2">增值服务</td><td>运营创新空间大，有利于提高园区品牌形象</td><td>对开发商运营管理能力有较高的要求</td></tr>
</table>

3.2.3 开发特点

产业地产模式受到产业发展和市场环境的双重影响，具有以下四个特点：

（1）发展导向：政府政策主导性强

在我国产业地产才刚刚起步，产业地产的发展还没有完全市场化，受地方政府的政策影响较大，政府的政策导向可以称得上是产业发展的风向标。政府会支持产业定位与政府鼓励方向一致的项目，这样的项目才有可能在土地审批、招商引资时获得政府的政策支持，获取更多的资源。政府对产业发展的扶持政策主要体现在土地政策、财政税收、人才引进、投融资政策等。

（2）发展定位：产业规划专业性强

住宅地产的核心是居住，商业地产的核心是要商业运营，产业地产的核心是产业发展。没有特色产业的项目，不能称得上是一个成功的产业地产项目。产业规划是一项专业性很强的工作，产业规划需要回答发展什么及如何发展的问题。这就需要在综合考虑产业发展趋势、产业布局现状、产业聚集效应、区域经济特点等因素下，分析产业链、附加值，形成具备指导意义的产业规划方案，明确选择哪些产业，吸引哪些厂商，指导如何吸引投资，如何运营管理。

（3）开发后期：自身具备增值性

土地资源的不可移动性和不可再生性给产业地产项目带来了天然保值增值属性，产业地产项目的联动性使自身具备了增值属性。产业地产项目可以实现二三产的联动，拓展项目的收入来源，通过加强教育、医疗、文化、体育、休闲等服务业的发展获得收入。开发商的经济收益途径，不仅仅来源于地产的销售、租用、物业管理，而且可以从增值服务中获得长期收益。产业地产将地产开发与园区经营结合起来，从互补中获益，挖掘区域的整体经济价值，在整合资源的基础上实现“产业地产规划、配套地产开发、商务服务跟进、园区物业发展”的一揽子发展模式。这种模式同传统的住宅地产、商业地产、工业地产相比，项目的收益点增加，收益的持续性和稳定性增强，同时也对开发商的综合运营能力提高了要求。

附加值除了包括产品本身的核心价值外，相应的配套服务和政策服务体系的附加值也成为驱动产业地产发展和体现吸引力的重要因素（图 3-8）。

（4）开发运营：项目投资回收期长

中国房地产学会副会长陈国强表示，住宅地产与产业地产在运营管理方面是存在本质区别的，相比住宅地产，产业地产面临更多复杂的不确定性因素，如政策、招商、融资等。

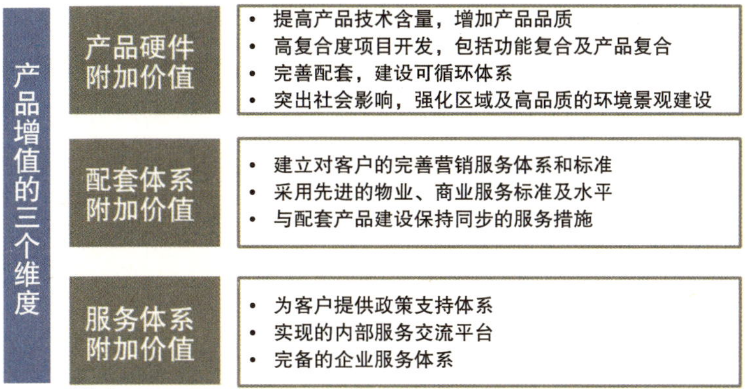

图 3-8 产业地产实现产品增值的三个维度

产业地产项目前期投入大，投资回收期长，相比住宅地产和商业地产融资更困难，对于资金实力和融资能力不足的企业而言，项目很容易陷入资金链断裂而走向失败。此外，相比住宅地产和商业地产，产业地产项目业态更加丰富，功能更加综合，要打破传统住宅、商业开发思维，通过产业链招商和长期运营形成园区产业集聚效应，为项目内入驻企业提供良好的服务平台。在开发后期，开发商的产业运营能力面临重大挑战。

3.3 存在的问题与策略

3.3.1 我国产业地产存在问题

总体来看，我国的产业地产才刚刚起步，尚处于引入探索和初步发展阶段，既蕴藏着巨大的发展机遇，也逐渐暴露出一些亟须解决的问题，主要有：

（1）缺乏科学的市场调研和统一规划，企业根植性差

我国绝大多数产业园区在发展初期为了迅速吸引企业入驻，在招商过程中往往很少从社会化分工、市场细分、价值链延伸，以及产业集群的内在联系等角度去考虑；在项目的安排上也不是严格地按照园区规划的要求进行定位，而是为了短期内聚集企业而随意地进行项目选取和企业选址规划，从而导致园区内部产业之间缺乏应有的关联，没有形成相互关联的产业链条，不利于产业集群的整体竞争力的提高，难以实现经济发展的规模效应。

（2）沿用住宅销售模式，不注重后期运营

相当一部分产业地产开发商沿用住宅销售模式来经营产业地产，对其项目简单地一卖了之，而不注重项目的后续经营，严重影响了我国产业地产的长远发展。产业地产作

为房地产行业中一个较为特殊的部分，有着自己独特的经营模式与发展规律，不能简单地等同于住宅地产或商业地产。对于产业地产项目来说，其投资收益是长期的、可持续的，前期开发只是向预期市场的努力，而进入经营期才是迎接市场检验的真正开始。但许多进行专业化产业地产投资的开发商不顾产业地产的特殊性，抱着急功近利的态度进入产业地产领域，必然会给产业地产的健康发展留下隐患。

（3）产业结构趋同，缺乏特色优势

我国很多产业地产项目都没有自己明显的特色产业集群，而是试图在每个产业上都有所发展，这不仅严重浪费了创新资源，还造成不同产业地产项目间招商引资活动中的过度竞争和产业内企业在市场活动中的过度竞争。尤其在全球经济一体化的大趋势下，特色的产业地产更具有竞争优势，也更容易获得政府的青睐，缺乏特色将会在很大程度上限制企业和产业地产的发展。

（4）结构单一，规模偏小，位于价值链低端

在我国的产业地产项目中，除了北京、深圳等地有一些产业结构层次和技术水平相对较高的项目外，大部分产业地产项目均不同程度地存在结构单一、规模偏小和被锁定在价值链低端等问题。但是在实际操作中，由于受到资源禀赋、区位条件、政策环境以及所处经济发展阶段的影响，我国大部分产业地产项目往往缺少位于产业价值链上游的研发设计企业，无奈地沦为组装加工基地。

（5）缺乏明确的政策和相关规范标准

由于产业地产是一个新生事物，我国政府对于产业地产的开发还缺乏明确的政策和相关规范标准，使得产业地产的市场化开发在部分地区受到一定程度的限制。比如，在实际的开发中，产业地产是与工业地产、商业地产并列的一种形式，还是应单独划为一类还没有明确的政策界定，而这对投资者信心造成了一定程度的不利影响。即使是在天津、西安等已出台产业地产相关扶持政策的地区，也是由地方政府，特别是地方经济开发区管委会所推动的。在全国范围内，缺乏统一的规范标准和扶持政策，而这无疑将削弱我国产业地产发展的后劲。

3.3.2 开发策略

根据产业地产开发模式的特点，房地产企业需要采取的相应对策包括把握政策制定发展战略，甄选产业明确项目定位，多层面控制空间规划要素，提高运营水平实现产业增值。

3.3.2.1 把握政策制定发展战略

房地产行业是受国家宏观经济影响比较大的行业，房地产企业一直以来对政策都比

较关注，越是在国家宏观经济形势面临重大调整的时候，其宏观经济政策对房地产行业的影响就会愈发明显。房地产企业发展产业地产更需要关注国家政策，包括《国家十三五规划纲要》、《国民经济和社会发展十三五规划》等宏观层面的总体规划，还有具体指导产业发展的各类产业规划，指导区域经济发展的各地区域规划，针对房地产行业的房地产政策等。

发展产业地产项目，不仅需要扩大对政策关注的宽度，更是要加强对政策理解的深度，体会政策出台的国内外背景，不能仅仅停留在字面层次的理解，特别是政策文件中指出的任务、目标、方向、重大项目等关键信息，更是要充分与自身情况和项目实践结合，具体分析其中的指导意义。只有与政策提倡的方向一致，才能降低项目的风险。房地产企业需要结合国家战略发展需要，抓住各项优惠扶持政策的优势，为产业地产项目把握正确的战略定位和发展方向，提出创新思路，争取更好的发展。

3.3.2.2　甄选产业明确项目定位

分析研究开发商拥有的地块适合发展哪类或哪几类产业，应该如何进行产业定位。产业导向原则：产业高端化、产业集群化、企业集聚化、企业规模化（图 3-9）。详细的调研是合理规划产业布局的基础，产业地产项目开发前需要对于拟引入的产业进行详细的调研。调研内容包括当地政府的规划和政策（区域规划、产业规划、税收政策等），当地的资源条件（交通、能源、人才等），原有的产业基础（产业发展现状、产业市场规模、产业在区域经济中的地位等）等。从产业发展规模和趋势、产业价值链、产业竞争、产业示范效应等方面分析产业。根据调研素材进行产业研究，经过产业研究后明确项目的产业定位。通过对产业各领域特性的分析，根据当地及地块的现实基础条件，结合项目自身特点，甄选出优势发展产业，选择出产业地产项目未来应重点发展的产业、产业子行业和产业链细分环节，给项目一个明确的定位。

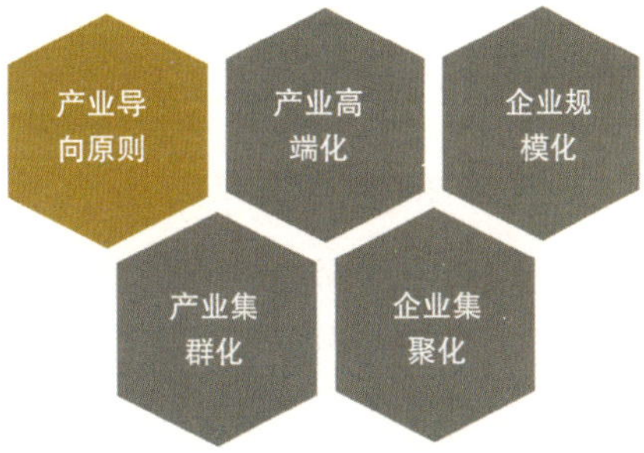

图 3-9　产业地产产业导向原则

3.3.2.3　多层面控制空间规划要素

产业研究帮助开发商把握各细分产业及产业链中关键环节的产业现状和前景，为规划、投资和招商提供数据支持。在产业研究的基础上，通过对国内外重点同类产业园区的研究对比，为园区规划、建筑设计和运营策略提供经验借鉴。从宏观到微观层面研究通航产业园的空间布局、产业规划、交通组织、城市界面、景观系统、建筑形态、环境保护等内容。重点在园区的规划控制层面，对规划要素与控制方法提出建议。将三维空间形态的设计过程与成果更好地融入产业集群发展与综合管理运营过程中，实现空间形态的设计语言向规划管理语言的转化。

生态、环保、智慧、低碳等发展理念将是未来产业地产越来越重视的问题（图 3-10），办公、生产区域与更多的城市生活元素进行结合，形成文化特性同样也是未来产业地产追求的价值核心。

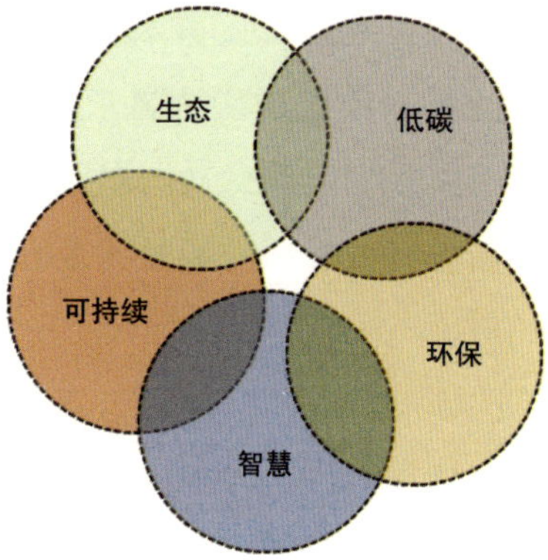

图 3–10　产业地产设计理念

3.3.2.4　提高运营水平实现产业增值

提高运营管理水平有助于实现产业增值，加快投资的回收。园区可搭建或引入产业地产项目的专业运营团队，从而积累或引进产业地产的运营知识，逐步完善园区服务内容，构建合理的园区运营公司组织结构以满足园区服务体系和运营要求。

产业地产项目的投资金额大并且投资回收期长，但是产业地项目因为本身具备增值性的特点，也使开发商通过提供增值服务，获取长期稳定的收益回报成为可能。园区可以提供的增值服务类型包括市场信息、技术检测、投资融资、员工招聘、技能培训等配套服务设施或公共平台，针对企业的员工满足其在住宿、医疗、教育、购物、运动、休闲等生活上的各类需求。总之，项目的增值性是通过开发商提供的增值服务来实现的。一方面是面向企业的增值服务，建设完善的配套产业环境，另一方面是面向个人的增值服务，例如幼儿园、小学、中学等优质的教育资源，方便的就医条件，可解决入驻企业员工的后顾之忧，具有很强的吸引力。

第二部分　指标篇

产业布局是指产业在一个国家或者一个地区范围内的空间分布和组合的经济现象。从静态上看，产业布局是指形成产业的各部门、各要素、各链环在空间上的分布态势和地域上的组合。从动态上看，则表现为各种资源、各生产要素甚至各产业和各企业为选择最佳区位而形成的在空间地域上的流动、转移或重新组合的配置与再配置过程。

美国学者波特通过对10个工业化国家的考察发现，产业集群是工业化过程中的普遍现象，凡有竞争力的产业、产品都是以产业集群方式存在。贯彻产业集群的发展理念，正在成为当今各地区与企业发展的一种客观的区位选择准则。随着行业性组织加强和产业集群的发展，专业市场与要素市场网络的构建与形成，产业集群经营形成整体协调优势。产业集群具有微观与中观结合的高效率与高效益，是产业布局实现的载体与目标，已成为当今世界经济全球化背景下提高区域竞争力和区域发展活力的有效途径。通航产业园区内产业集群所发挥的集聚作用又在很大程度上取决于园区内各个产业布局的合理性。

因此，只有在分析通航产业园区内产业集聚效应影响因素的基础上，选择合适的评价方法进行合理性评价，才能更好地规划通航产业园区内的产业布局。所以，如何将产业集群和通航产业园评价相结合，通过什么样的方法对待建或者已建成的通航产业园区产业布局进行合理性评价是一个值得探讨的问题。

第 4 章　产业布局评价指标体系构建

4.1　体系构建原则

构建合理的评价指标体系是进行有效评价的关键，评价指标体系既要全面反映出评价对象的各项具体要求，尽可能做到科学、合理、符合实际情况，同时还要具有可测、简易、可比的特点，指标总数尽量少。具体来说，应当遵循以下原则：

（1）系统性原则

指标体系应尽可能全面反映被评价对象的各个方面情况，还要重点关注主要因素，使评价指标能够反映系统的直接效果和间接效果，以保证综合评价的全面性和可信度。不能只考虑通航产业园区或产业集群，不能只考虑规模或效益，不能只考虑创新或经济辐射，而必须采用系统设计和系统评价的原则，立足于产业集群的角度，从产业园区环境、规模、效益、创新、集聚和辐射等方面进行全面客观评价。

（2）差异性原则

由于通航产业园类型的不同，其内部设施和作业存在差异，所以各类园区的评价指标在大部分统一的前提下，应有所差异。

（3）可操作性原则

构建评价指标时应注意指标含义的清晰度及数据的可靠性，数据资料收集方便，计算简单，易于操作，尽量避免产生误解和歧义。评价指标体系的制定，要言简意明，避免繁琐，一定要使指标间尽量相互独立，互不重复，避免冗余，提高实际评估的可行性。指标不宜过于繁琐，个数不宜过多，评价指标体系要有层次性，才能为衡量系统方案效果和确定评价指标权重提供方便。

（4）科学性原则

指标体系的设置应力求与学术惯例接轨，所设置的指标应是综合多年实践经验的理论概括和抽象，最能反映园区的产业布局状况。指标的设计应规范、合理，其概念力求确切，有精确的内涵和外延。根据通航产业园区本身的资源、能力、战略目标等对指标加以适当调整，设置的指标要能充分反映通航产业区持续发展的战略意图。

（5）可比性原则

所谓可比性，就是评价指标应具有统计意义，使评价结果能够实现通航产业园区时间上的纵向比较，还应当与其他的甚至国外的通航产业园区相比较，这样在进行评价的时候就可以参照国际和国内同行业的标准。

（6）定性指标与定量指标相结合的原则

由于通航产业园区是一个复杂系统，所以基于产业集群的通航产业园区产业布局评价依据有技术经济方面的定量指标，又包括社会、环境效益方面的定性指标，并且许多定性指标还很难量化，采取定量与定性指标相结合的方式，才能使评价更客观。

4.2　影响因素分析

通航产业作为高新技术产业，其发展主要受知识、技术、资金、信息获取的制约，具有高投入、高风险的特征，因此，通航产业的布局优先要考虑的影响因素必须包括知识技术因素、资金政策因素，同时，政府和区域环境所起的作用不容忽视，也须考虑。

4.2.1　园区基础条件

园区的基础条件是园区得以发展的前提与载体。园区的基础条件包括区位条件、交通条件、基础设施、土地利用、总体功能区规划、景观条件等等。区位条件、交通条件、基础设施会影响园区的发展战略目标的制定以及产业的定位、选择、规模，最终影响具体产业的具体选址与相对位置关系。土地利用、总体功能区规划、景观条件等将会在具体规划层面影响产业布局各产业区域的发展边界和空间组织关系。

4.2.2　园区产业聚集

园区内产业聚集是一定地域范围内，小企业、支持企业和辅助企业的地理集中，它们之间通过畅通的渠道来交易、沟通和对话，共享专业化的设施、劳动力市场，共同面对机会与危机。集群并非若干单个企业的简单汇总，企业个体作为产业系统的一部分，不仅有横向和纵向关系，还有直接和间接的联系，即产业间的功能性联系和相互依存及其动态发展，构成集群演化的根本。

集群内的企业有着非常活跃的创新交互过程，知识转移和分享非常频繁，形成一个知识产生和分享的密集区。集群在地域集聚和空间上的接近性，使得产业布局一方面成为支持信息交流的社会基础设施及社会资本（如社会关系和信任等），构成产业集群的基本动力的基本前提，从而促进集群的生成和演化；另一方面，地域的重要性甚至体现为每一个集群均有不同的地域要求，对产业布局的形式有着特定的要求。

4.2.3 生态环境因素

从机场运营安全及环境保护的角度考虑，通航产业园发展的制约性因素不仅包括机场噪声、电磁环境保护和鸟害防治等诸多方面，还包括基本农田、河流水系、绿地走廊、林地和湿地所构成的生态环境。这就要求通航产业园的建设要坚持生态保护与生态建设并重，遵循“低影响开发”的理念，维护区域生态基础设施的连续性和完整性，维护区域生态安全格局。在产业的选择上选择低污染、低碳排放的、低影响的产业类型，在产业布局方式上避开生态敏感区域。在保障区域生态安全底线的基础上，将产业园划分为禁建区和功能区，提炼生态敏感要素，进行生态敏感区划分，对生态网络进行连接修复，尽量拉长生态网络长度，以保障区域生态安全格局。

4.2.4 知识技术因素

知识是世间万物运动、变化、持续发展的源动力，每一项事物要获得发展，取得新的进步都是在不断吸收知识的基础上进行的。通航产业作为一种新兴产业，更是源于吸取各学科前沿知识，交汇融合而成的。影响通航产业布局的知识因子包括知识创新能力，知识分子数量，传播知识的实体教育机构。

技术是产业发展的灵魂，对核心技术的发明与拥有并将之推向市场获得经济利益是企业的目标所在，也是企业市场竞争的主要手段。随着时代的发展，各企业都意识到技术的重要性，在资金条件允许的情况下，企业都会加大对技术的投资。

4.2.5 资金政策因素

资金是企业运行的血液，是通用航空产业生存的必要条件。通航产业的高科技性和市场发展的不可预见性，使其本身具有高投资、高风险的特征，同时，通航产业兼具知识密集和技术密集的特点，因而，融资能力关系通航产业可持续发展的命运。

政府的方针政策对一地区发展的影响显而易见，一项工程项目若得到政府的支持，顺利进行的速度和减少阻碍的效率是其他主体所不能比拟的。政府作为政策执行的主体，对通航产业的布局的偏向直接影响通航产业发展环境，而政府对通航产业的支持正好可以弥补高新技术产业的不稳定性，使其在稳定的环境中发展。

4.3 指标体系的构建流程

产业布局评价指标体系涉及全球及地方性的可持续发展的各项指标，还涉及特定区域或特定行业规划的各种因子，是一个庞大的指标体系。但基于评价指标选取的原则性，评价指标的选取及建立往往由于实际可获得的信息和经费、人力资源和技术水平限制，而只能筛选出主要的指标进行评价。指标体系建立的主要步骤包括：

4.3.1　指标体系层次结构的建立

产业布局评价指标体系一般分三到四个层次，可按目标层 - 准则层 - 要素层来划分（图 4-1）。指标的选择应从区域现状及存在主要问题出发，围绕通航产业园产业布局的特点和影响，依产业布局评价指标体系的建立原则进行。评价指标是产业目标的具体化描述，评价指标可以是定性的或定量化的，是可以进行检测、检查的。

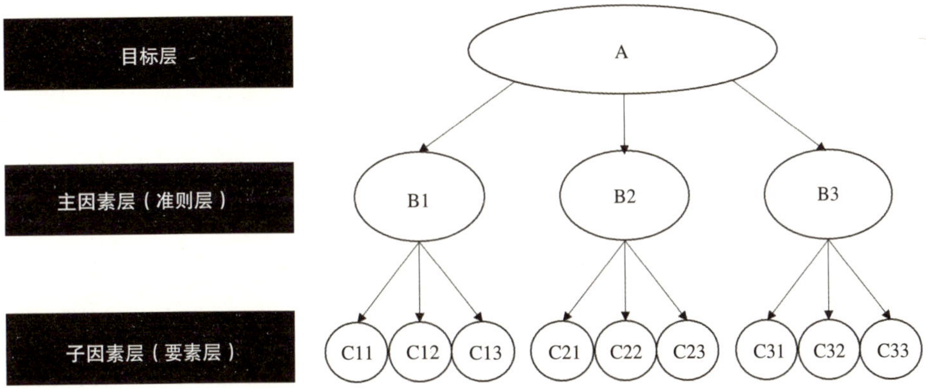

图 4-1　指标体系层次结构

4.3.2　基本指标的选择

基本指标可以从已建成的其他相关指标体系中选取，但必须要结合本次产业布局评价的特点进行选取。选取时注意以下三点：

（1）选择的指标应直接与规划指定的目标关联，尽量采用能定量表达的指标。

（2）指标体系包含的指标数目，宜少而精。

（3）指标体系应有层次性，各层次中的各项指标也应有主次。

4.3.3　指标体系的筛选

建立产业布局评价指标体系要紧密结合评价对象的特点，提高可操作性。在选择指标时，应在规划环境识别的基础上，以统计数据为基础，结合规划分析及环境背景调查情况，同时借鉴国内外研究和实际工作中的指标设置及项目环境评价指标。首先从原始数据中筛选出评价信息，然后通过理论分析、专家咨询、频度统计法、相关性分析和公众参与等方法初步确立评价指标。通过多层次的筛选，得到内涵丰富又相对独立的指标所构成的评价指标体系，并在评价工作进展中根据实际情况补充、调整，最后完善成正式的指标体系。

产业布局评价指标体系筛选的流程如图 4-2 所示。

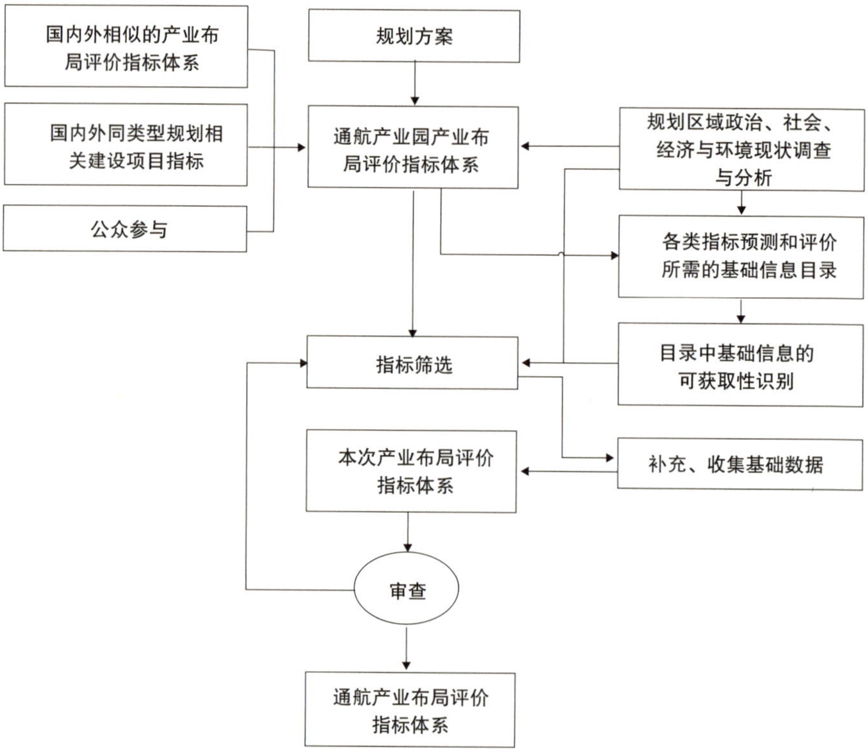

图 4–2　指标体系的指标筛选流程

4.3.4　评价标准的选取

对产业布局的评价指标进行判断时，需要依据一定的标准和准则。产业布局评价标准的设置原则为：

（1）尽量采用已有的国家、行业、地方或国际标准。

（2）对于缺少相应的法定标准的，可参考国内外同类评价时常用的标准。

（3）基于评价区域的社会经济发展规划目标，确定理想值标准。

（4）通过“专家咨询”、“公众参与及协商”确定产业布局评价标准。

4.4　指标体系的确定

基于产业集群的产业园区产业布局评价是一项复杂的系统工程，这里将其分为园区基础条件、园区产业集聚、生态环境因素、知识技术因素、政策资金因素评价五个部分，并提出了各部分的主要评价指标（表 4-1）。可以初步判断出，指标之间并不全是相互独立的，它们之间存在依赖和影响关系。同时，不属于同一级指标的元素之间，也存在影响关系。由此推断产业园区的产业布局评价模型不是一个内部独立的递阶层次结构，而对于解决这类内部相互影响的多目标决策问题，层次分析法（AHP）是一个较好的工具。在后面的章节中，将对这个指标体系中的各项指标进行 AHP 赋权分析。

通航产业园产业布局评价指标体系　　表4-1

目标层	一级指标（准则层）	二级指标（因素层）
通航产业园产业布局（A）	园区基础条件（B1）	园区地理位置（C11）
		基础设施完备性（C12）
		园区内相关机构的健全性（C13）
		每平方千米的道路面积（C14）
		每平方千米的绿化面积（C15）
		土地扩充弹性（C16）
		与城市总体规划协调性（C17）
		单位面积基建投资额（C18）
	园区产业集聚（B2）	园区内通航及相关产业集中度（C21）
		园区内通航及相关产业聚集性（C22）
		园区内企业（部门）间产业的互补程度（C23）
		园区内企业（部门）间的合作意识（C24）
		园区内企业（部门）的信任程度（C25）
		园区内企业（部门）战略联盟率（C26）
		园区内企业物流成本节省率（C27）
		通航产业与其他经济要素关联性（C28）
		园区单位面积总产值（C29）
	生态环境因素（B3）	对大气环境污染破坏程度（C31）
		对水环境污染破坏程度（C32）
		对声环境污染破坏程度（C33）
		对绿化地森林破坏程度（C34）
		环保与生态体现水平（C35）
		生态环境改善潜力（C36）
		园区内环保政策的完善程度（C37）

续表

目标层	一级指标（准则层）	二级指标（因素层）
通航产业园产业布局（A）	知识技术因素（B4）	园区每千人中受高等教育人数（C41）
		企业科技活动人员比例（C42）
		企业专利申请数（C43）
		企业科技活动经费支出（C44）
		所在省份高等院校数（C45）
	政策资金因素（B5）	对园区的财政支出（C51）
		通航相关政策取向（C52）
		通航相关激励机制（C53）

4.5 具体指标解释

4.5.1 园区基础条件（B1）

该指标主要在于考察通航产业园区产业集群的产生和成长环境，从园区的位置、基础设施等基建角度对产业园区进行基础性的综合考察。

（1）园区地理位置（C11）

指通航产业园区所处的自然位置，交通环境是否便利，与城市的一些现有基础设施网络是否能连接，这与园区内交通物流成本以及对游客的吸引力有着直接的关系。

（2）基础设施完备性（C12）

指产业园区内基础设施的完成程度，通常包括各种交通网络的密度和衔接程度，与其他交通枢纽的连接状况；园区内的仓库和流通加工等条件；以及水、电、燃气等自然资源供给和其他生活保障设施等。

（3）园区内相关机构的健全性（C13）

指进驻产业园区的相关政府机构、行业协会、商会、律师事务所、会计师事务所和其他金融机构等，这些机构的健全性也在一定程度上可以看出产业园区的配套服务水平。

（4）每平方千米的道路面积（C14）

该指标反映了产业园区内交通条件是否便利，关系到园区各区域之间的联系和人员流动的能力。

（5）每平方千米的绿化面积（C15）

该指标反映了产业园区内的景观条件是否宜居，关系到园区的生活、工作和居住体验。

（6）土地扩充弹性（C16）

该指标反映了该产业园区未来发展土地的扩容能力，这对以后产业园区内部的产业调整有比较大的影响。

（7）与城市总体规划协调性（C17）

该指标反映产业园区对于城市总体规划的遵照度，可以用产业园区的建设面积与城市规划中预留面积的重合度表示，公式为：

$$s=\frac{|s_1-s_2|}{s_2}$$

其中，s_1 为规划园区用地面积，s_2 为园区实际布局区域面积。

（8）单位面积基建投资额（C18）

指按照通航产业园发展规划，在相应的发展阶段中平均每单位面积的累计完成的实际建设投资。分期建设的产业园区则以分期使用的局部面积计算。该指标可以反映出产业园区通过基础设施建设来改善园区内的自然条件的能力。

4.5.2 园区产业集聚（B2）

通航产业园区内的产业布局是否合理，很大程度上可以从通航产业园区内产业集群之间的集聚效应和成本节省率来体现。因为产业集群所带来的优势就是经济规模化和资源最大化利用，而这样的优势是否能体现出来就在于产业园区内的产业结构、产业布局是否科学、合理。所以该指标主要从这两个方面进行综合考核。

（1）园区内通航及相关产业集中度（C21）

本指标实际上指通航产业园区所在区域通航及其相关产业的集中程度。根据区位商系数 LQ 的思路，考虑通航产业园区辐射或影响一定城市经济区的区域性，设定产业园区产业集中度公式为：

$$C_1=\frac{w_1/W_1}{W_n/W}$$

其中，C_1 为产业园区 1 的产业集中度，w_1 为该产业园区的总就业人数，W_1 为产业园区辐射区域 n 的通航产业总就业人数，W_n 为区域 n 的总就业人数，W 为全国总就业人数。C_1 越大就表明产业园区 1 的产业集群程度越大。

（2）通航及相关产业空间集聚性（C22）

空间集聚性考察就业或企业布局是否邻近，从中心（机场或通航旗舰企业或中央核心景观）以外各子区域与中心之间、各子区域之间两方面的空间关系考察。

一方面，以所有企业 / 就业到产业布局中心的平均距离表征产业布局的向（离）心性，可采取各子区域到中心的规模加权平均距离和等权平均距离之比计算；对于双中心或多中心布局的产业，可选用到最近中心的距离。

另一方面，产业的空间集聚与分散特征也可从所有企业 / 就业之间的邻近程度考察，可采用各非空子区域间双向规模加权平均距离与等权平均距离之比计算。

（3）园区内企业（部门）间产业的互补程度（C23）

产业之间的互补性是随处可见的，园区内产品的质量可以通过互补而得到提高。并且这种互补性可以从服务传递到产品、设计、运营、生产、服务等各方面。企业间的互补在很大程度上减少了企业之间或部门之间的交易成本，促进企业共同发展，增强园区内企业的竞争优势。

（4）园区内企业（部门）间的合作意识（C24）

通航产业园区的网络效应和地方根植性，使企业之间具有合作理念，通过长期的交往和合作以及合同契约的订立，形成了一种互信互利的合作关系。这种合作关系的建立，更有利于企业节约成本，降低交易费用，以及排除机会主义和道德风险。同时，也有利于一些共同技术的开发，如园区内企业间、部门间的科研合作等等。

（5）园区内企业（部门）的信任程度（C25）

通航产业园区内有一套竞争规则，是建立在信任的基础之上的。基于相信与预期的未来协作带来的收益将高于违背竞争规则所得到的好处，企业之间、部门之间彼此信任。这种信任的存在与否将会影响合作效率的高低以及交易成本的大小，进而影响到通航产业园区的经济效益与可持续发展。

（6）园区内企业（部门）战略联盟率（C26）

指通航产业园区内结成战略伙伴关系的企业数量占总企业数量的百分比。在产业集群的环境中，企业能够及时准确地掌握原材料和产品市场行情、技术动态，并据此做出快速反应，结成企业间的战略联盟关系可以加快集聚企业间技术的传递而形成技术溢出效应。

（7）园区内企业（部门）物流成本节省率（C27）

产业集群是区域产业组织的一种高级组织形式，表现为专业化分工程度高，大部分企业都有严格而精细的分工，从而短途运费下降，采购、生产与销售成本降得很低，大大提高了集群企业竞争力。故该指标考核的是由于通航产业园区这种产业集群的规模效应，带来的物流成本方面的节省程度，从这个方面也可以一定程度上反映产业园区内产业布局的合理性。

（8）通航产业与其他经济要素关联性（C28）

产业的空间布局并非独立存在，而是与相关产业、人口、用地等经济社会要素存在密切的联系，而这种相关性也是表征和评价产业布局模式的重要方面。Pearson 相关系数是衡量产业间或产业与其他经济社会要素空间分布相似性的简单而有效的指标。根据研究需要，也可选用相似系数、灰色关联度等指标。

（9）园区单位面积总产值（C29）

该指标考核产业园区的产业布局是否能实现产业集群效应，其最终反映为产业园的最终目的：生产与盈利。园区单位面积总产值是直接反映产业园盈利能力的指标。故通过该指标的考核，可以在一定程度上判断产业布局的合理性。

4.5.3 生态环境因素（B3）

产业园区需要获得全面发展，就必须使得经济效益、社会效益和环境效益之间的综合效益最大化，所以通航产业园区的发展离不开对环境的保护。该指标主要考核的是产业园区内环境污染的程度以及改善程度。

（1）对环境污染破坏程度（C31 ~ C34）

主要指目前产业园区对大气、水、声、绿地等方面的污染程度。

（2）环保与生态体现水平（C35）

主要指产业园区绿化面积和三废处理能力，这可以依照环保部门对不同产业的标准来考核。

（3）生态环境改善潜力（C36）

生态环境改善潜力反映通航产业对改善生态环境的满足能力。

（4）园区内环保政策的完善程度（C37）

该指标主要考核的是产业园区内环保政策的制定是否完善健全，这可以在一定程度上引导园区内企业保护环境和可持续发展的意识。

4.5.4 知识技术因素（B4）

（1）园区企业硕士数、博士数（C41）

该指标反映了产业园区内人力资源的素质、知识结构。拥有较高学历的从业者对园区内企业的科技创新有极大的帮助。

（2）企业科技活动人员数（C42）

该指标反映了园区内产业类型的高新技术含量与等级。企业科技活动人员数越多，比例越大，则产业园区内产业的科学技术水平越高，产业升级越快，信息流动、人员交换更为频繁。

（3）企业专利申请数（C43）

该指标反映的是产业园区内企业的核心竞争力水平。

（4）企业科技活动经费支出（C44）

该指标反映的是产业园区内对企业科技活动的资金支持力度。用于知识技术的前期投资和交流平台的搭建，有利于整个园区的是技术水平的整体提高。

（5）高等院校数（C45）

该指标反映的是服务于产业园区的潜在的知识和人员储备。周边高等院校的数量和质量直接关系着园区内潜在的人力资源质量，同时产学研协同创新中，高校作为其中的一个实体也提供着最为稳定的智力支持。

4.5.5 政策资金因素（B5）

（1）对该地区的财政支出（C51）

该指标反映的是当地政府和有关机构对该产业园区的财政支持力度。除依靠原始资金进行投入外，还需后续资金投入，企业再生产投入。

（2）通航相关政策取向（C52）

该指标反映的是当地政府和有关机构对该产业园区的政策支持力度，在税收、土地、金融等方面推出不少优惠政策，为园区的健康、稳定、可持续发展提供充分支持。

（3）通航相关激励机制（C53）

该指标反映的是当地政府和有关机构对该产业园区的管理力度，包括形象激励、感情激励、信心激励、目标激励、资金激励、参与管理、业务培训等。

第 5 章　基于 AHP 的产业布局具体评价

目前国内外关于多指标综合评价的方法很多，根据指标权重确定方法的不同，大致可以分为主观赋权法和客观赋权法两类。主观赋权法有层次分析法（AHP 法）、德尔菲法（Delphi 法）等，多是采用综合咨询评分的定性方法，其权重确定主要由专家根据经验主观判断得到。其中德尔菲法是以匿名方式通过几轮函询，征求专家们的意见。经过如此多次反复，专家的意见趋向一致，结论的可靠性越来越大。

层次分析法（AHP，the analytic hierarchy process）是 20 世纪 70 年代由美国运筹学家萨蒂（Saaty，Thomas L.）最早提出的一种多目标评价决策法。其特点是将决策者对复杂系统的评价决策思维过程数学化。基本思想是把复杂的问题分解成若干层次和因素，在同层次各要素间简单地进行比较、判断和计算，以获得不同要素和不同备选方案的权重。考虑到前者操作起来困难较大，所以本书选择层次分析法来评价通航产业园产业布局。

5.1　评价过程简介

基于 AHP 的通航产业园产业布局评价主要按照以下几个步骤进行，详见流程图 5-1。

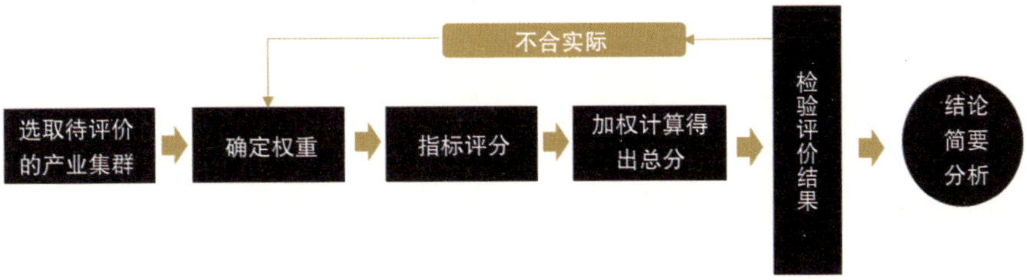

图 5-1　基于 AHP 的产业布局评价流程

（1）选取所要评价的对象，选取要评价的产业集群。

（2）确定权重。首先邀请几位产业集群专家对所选指标的重要性按照 AHP 方法进行评判，计算得出各指标权重。

（3）专家对定性指标进行评分。对数据进行标准化处理。

（4）综合加权计算，累计得分。

（5）得出产业集群竞争力评价结果，并进行简要分析。

（6）对评价结果进行反馈、检验，如果不符合实际应该重新返回第 2 步再进行评价。

5.2 指标权重的计算

基本思想是把复杂的问题分解成若干层次和因素，在同层次各要素间简单地进行比较、判断和计算，以获得不同要素和不同备选方案的权重。利用 Super Decision 软件进行矫正。人为输入每个指标的重要性程度，而这部分需要由资历较深的专家进行打分。基本步骤如下：

5.2.1 步骤 1：建立判断矩阵

判断矩阵表示针对上一层次单元（元素），本层次与之有关单位之间相对重要性的比较。假定 B 层次元素中 B_k 与下一层次中 C_1、$C_2 \cdots C_n$ 有联系，则通过对它们进行比较，可构成如下形式的判断矩阵，通常将判断矩阵记为 B。

B_k	C_1	C_2	$\cdots$	C_n
C_1	C_{11}	C_{12}	$\cdots$	C_{1n}
C_2	C_{21}	C_{22}	$\cdots$	C_{2n}
$\cdots$	$\cdots$	$\cdots$	$\cdots$	$\cdots$
C_n	C_{n1}	C_{n2}	$\cdots$	C_{nn}

$$B = \begin{bmatrix} C_{11} & \cdots & C_{1n} \\ \vdots & \ddots & \vdots \\ C_{n1} & \cdots & C_{nn} \end{bmatrix}$$

专家根据标度值来判断某一个指标相对于另一个指标的重要性程度，由此构成了两两比较判断矩阵，其形式如下：其中 B_k 是上层次中的一个元素，它是 C_1、$C_2 \cdots C_n$ 诸元素两两比较判断矩阵的准则，C_1，C_2，…，C_n 是下层次中与 B_k 有关的诸元素。c_{ij} 是针对元素 C_k 之下层次中元素 C_i 与元素 C_j 相对重要性的比较判断的标度值（表 5-1）。

判断矩阵标度值及其含义　　表5-1

等级	重要程度	标度方法	
		1 ~ 9	9/9 ~ 9/1 标度
1	同样重要	1	9/9
3	稍微重要	3	9/7
5	明显重要	5	9/5
7	强烈重要	7	9/3

续表

等级	重要程度	标度方法	
		1 ~ 9	9/9 ~ 9/1 标度
9	绝对重要	9	9/1
通用公式		k	$9/(10-k)$
2，4，6，8	上述两相邻判断的中间值		
倒数	若 C_i 对 C_j 的重要性之比为 c_{ij}，则 C_j 对 C_i 的重要性之比为 $1/c_{ij}$		

① C_i 与 C_j 同样重要，则有 $c_{ij}=1$；

② C_i 比 C_j 稍微重要，则有 $c_{ij}=3$；

③ C_i 比 C_j 明显重要，则有 $c_{ij}=5$；

④ C_i 比 C_j 强烈重要，则有 $c_{ij}=7$；

⑤ C_i 比 C_j 绝对重要，则有 $c_{ij}=9$。

相反，对于 C_i 劣于 C_j 的程度分别有下述各值：

$c_{ij}=1/3$，$c_{ij}=1/5$，$c_{ij}=1/7$，$c_{ij}=1/9$。

对于矩阵 B，显然有：

$c_{ij}\cdot c_{ji}=1$，$c_{ji}=1/c_{ij}$

其中，$i=1, 2\cdots n$，$j=1, 2\cdots n$

如果有：$c_{ij}\cdot c_{jk}=c_{ik}$（$i, j, k=1, 2, \cdots n$）则说明矩阵 B 具有完全的一致性。

5.2.2 步骤 2：相对重要程度的计算

理论上，同级要素之间的相对重要程度可以由计算判断矩阵 B 的特征值获得，但因其计算方法较为复杂，而且实际上只能获得对矩阵 B 的粗略估计，从评价值的尺度上（如：1，3，5，7，9）可以看出这一点。因此，计算其精确的特征值是没有必要的，实践中可以采用求和法或求根法来计算近似的特征值。

（1）将判断矩阵 B 按行求：

$$V_i=\sqrt[n]{\prod_{j=1}^{n} d_{ij}}$$

（2）归一化：

$$W_i=\frac{V_i}{\sum_{i=1}^{n} V_i}$$

这样同样得出向量：$W=[W_1, W_2, \cdots\cdots W_n]^T$

其中，各分量 W_i 就是表明 $C_1 \cdots C_n$ 各个指标相对优先程度的指标权重数。之后再计算各层元素的组合权重：这一步要解决每一层次所有元素相对于目标的权重，它需要将上一步的结果进行适当组合。

本书利用 Super Decision 软件确定判断值输入数据，将凡是存在相互依存关系和反馈关系的都进行两两比较，5 个元素组（准则层）及其 32 个元素（元素层）之间共有关系矩阵，每个关系矩阵进行一致性检验，计算一致性比例。利用 Super Decision 软件需要人为输入每个指标的重要性程度，而这部分需要由资历较深的专家进行打分。Super Decision 软件的计算结果如表 5-2 所示。

评价体系各级指标权重计算结果 表5-2

目标层	一级指标（准则层）		二级指标（元素层）		
	指标	*B* 相对于 *A* 权重系数	指标	*C* 相对于 *B* 权重系数	*C* 相对于 *A* 权重系数
A	*B*1	0.2472	*C*11	0.2502	0.0618
			*C*12	0.2342	0.0579
			*C*13	0.1173	0.0290
			*C*14	0.0500	0.0124
			*C*15	0.0235	0.0058
			*C*16	0.0502	0.0124
			*C*17	0.2129	0.0526
			*C*18	0.0617	0.0152
	*B*2	0.4162	*C*21	0.1845	0.0768
			*C*22	0.1456	0.0606
			*C*23	0.1678	0.0698
			*C*24	0.1159	0.0482
			*C*25	0.0992	0.0413
			*C*26	0.0820	0.0341
			*C*27	0.0768	0.0320
			*C*28	0.0765	0.0318
			*C*29	0.0527	0.0219
	*B*3	0.0624	*C*31	0.1626	0.0101
			*C*32	0.1905	0.0119
			*C*33	0.1466	0.0092
			*C*34	0.2446	0.0153
			*C*35	0.1018	0.0064
			*C*36	0.0896	0.0056
			*C*37	0.0643	0.0040

续表

目标层	一级指标（准则层）		二级指标（元素层）		
	指标	*B* 相对于 *A* 权重系数	指标	*C* 相对于 *B* 权重系数	*C* 相对于 *A* 权重系数
A	*B*4	0.1610	*C*41	0.3748	0.0603
			*C*42	0.2509	0.0404
			*C*43	0.1875	0.0302
			*C*44	0.1038	0.0167
			*C*45	0.0830	0.0134
	*B*5	0.1132	*C*51	0.4327	0.0490
			*C*52	0.3122	0.0353
			*C*53	0.2551	0.0289

5.2.3　步骤 3：一致性检验

在实际评价中，评价者只能对矩阵 *B* 进行粗略判断，甚至有时会犯不一致的错误。如：*C*1 比 *C*2 重要，*C*2 比 *C*3 较重要，那么 *C*1 比 *C*3 更重要；如果判断 *C*3 比 *C*1 较重要或同样重要，就犯了逻辑错误。为了检验判断矩阵 *B* 的一致性（相容性），根据 *AHP* 的原理，可以利用 λ_{max} 与 n 之差检验一致性。

λ_{max} 可以由下式求出：

$$\lambda_{max}=\frac{1}{n}\sum_{i=1}^{n}\left(\frac{(BW)_i}{W_i}\right)$$

一致性指标由下式求出：

$$C.I.=\frac{\lambda_{max}-n}{n-1}$$

计算随机一致性比值：

$$C.R.=\frac{C.I.}{R.I.}$$

其中，*R.I.* 为平均随机一致性指标。根据判断矩阵的阶数 n，在表 5-3 查找相应判断矩阵的平均随机一致性指标 *R.I.*。

1 ~ 10阶的判断矩阵*R.I.*值　　表5-3

阶数	1	2	3	4	5	6	7	8	9	10
R.I.	0.00	0.00	0.58	0.90	1.12	1.24	1.32	1.14	1.45	1.49

当 *C.R.* 在 10% 左右时，一般认为判断矩阵具有满意的一致性，说明权数分配合理，否则就必须调整判断矩阵，直到取到满意的一致性为止。

5.3 指标赋值

关于指标的赋值问题，本书每个指标赋值 1 到 5 分，各分值表示的意义如下：

5 分——很好，具有本国范围内独一无二的优势，甚至具有世界级的竞争力；

4 分——较好，具有本国范围内的竞争优势；

3 分—— 一般，具有与全国平均水平相当的实力；

2 分——较差，与全国平均水平有一定的差距，这种差距可能影响到整个集群的发展；

1 分——很差，离全国平均水平有较大距离，这种差距已经严重阻碍了集群的发展。

赋值过程是一个主观的评定过程，需要请专家进行打分。评分者对相应的标杆有充分的了解。这些标杆信息可以从各种渠道收集到，如政府相关部门、咨询机构和该区域的行业协会等。

5.4 加权计算

5.4.1 建立评价集与因素集

评价集是以评判者对被评价对象做出各种可能的评判结果的合计，通常用 V 表示，建立评价集 $V=\{V_1, V_2, \cdots\cdots, V_n\}$，其中 $n=5$，因此评价集 V 分为 5 个等级。本书中将这 5 个评价等级分为 { 很差，较差，一般，较好，很好 }，分别用来表示各个指标的优劣程度。

因素集是影响评判对象的各种因素组成的集合，用 U 表示，得到评价的因素集为 $U=\{U_1, U_2, U_3, U_4, U_5\}$，各 U 代表影响因素，共有 5 个，分别表示通航产业园区产业布局评价指标体系中的园区基本条件（$B1$）、园区产业集聚（$B2$）、生态环境因素（$B3$）、知识技术因素（$B4$）、政策资金因素（$B5$）。这些因素通常都具有不同数量的子因素。定义 U 到 V 上的一个模糊关系，得出各个评判因素的评价结果矩阵 R。R 对应的 r_{ij}（i=1，2，3，4，5；j=1，2，3，4，5）表示准则层指标 i 的下属的 j 级评价结果。

5.4.2 单因素评价

本书在确定评价集和因素集后，可以在层次分析法计算指标权重的基础上对园区产业布局合理性进行单因素评价，即分别对园区基本条件（$B1$）、园区产业集聚（$B2$）、生态环境因素（$B3$）、知识技术因素（$B4$）、政策资金因素（$B5$）进行单独评价。

第一步，确定单因素评价矩阵。例如对其中的某个因素评价，根据专家调查表中专家对 5 个指标的打分（1、2、3、4、5）。例如，有 5 位专家进行打分，对 { 很差，较差，一般，较好，很好 } 的评价个数为 {0，1，2，2，0}，则该指标的评价矩阵集为 {0/5，1/5，2/5，2/5，0/5}，5 种评价结果及其分别对应的评价因素组合在一起即为单因素评价矩阵 R。

第二步，计算单因素的评判结果矩阵。其中 $W=[W_1，W_2，……，W_n]$ 为 n 个指标在技术准则层中所占的权重值，这是由层次分析法计算得来。

通过对单因素矩阵的计算结果分析，可以看出在单因素评价时各个指标的重要性大小比较。不同产业布局方案的单因素比较，可以初步判定不同产业布局情况下单因素方面的好坏程度。

5.4.3　多因素综合计算

在单因素评价的基础上，对产业布局合理性进行综合评价即为多因素评价，这样就可以得出通航产业园区产业布局合理性综合评价的最终结果。根据该结果，可以对决策做出相应的调整和优化。

计算得出单因素评价矩阵 R，在此基础上结合 32 个因素层分别在园区基本条件（$B1$）、园区产业集聚（$B2$）、生态环境因素（$B3$）、知识技术因素（$B4$）、政策资金因素（$B5$）5 个技术准则层下所占的权重 $W=[w_1，w_2，……，w_n]$，通过公式

$$B = W \circ R$$

可以计算出一级指标综合评价的结果。将综合评价的结果和评价集对比，就可以得知产业布局方案在不同层面上（准则层）的优劣。该方法也可以对不同布局方案进行评价，然后进行优劣性排序，为决策者提供定量的、直观的理论参考。

5 个准则层所对应的单因素评价矩阵 R_1、R_2、R_3、R_4 和 R_5 可以组合成一个总体综合的评价矩阵 $\widetilde{R}=[B1，B2，B3，B4，B5]^T$，则 $\widetilde{B} = W' \circ \widetilde{R} = [b_1，b_2，b_3，……，b_n]$。其中，$W'$ 为园区基本条件（$B1$）、园区产业集聚（$B2$）、生态环境因素（$B3$）、知识技术因素（$B4$）、政策资金因素（$B5$）对于总目标的权重矩阵。计算得出多因素综合评价的最终计算结果 $\widetilde{B}$。

采用公式 $B = \dfrac{\sum_{i=1}^{5} B_i V_i}{\sum_{i=1}^{5} B_i}$ 处理多因素综合评价结果，V_i 表示 5 个评价集所对应的数值，

分别取 1 ~ 5 的值，最后得到的综合评价最终得分值域也为 [1，5]。得分越高则表示该布局方案在园区基本条件（*B*1）、园区产业集聚（*B*2）、生态环境因素（*B*3）、知识技术因素（*B*4）、政策资金因素（*B*5）这 5 个方面的综合评价越高，即是最优的方案。

第 6 章　算例分析

为了验证上述所得出的基于产业集群的通航产业园区产业布局评价指标体系与 *AHP* 综合评价法的适用性，下面就通过模拟算例来进行分析和说明，表格中的数据均为某通航产业园区产业布局评价的基础数据。

通过以上用 Super Decision 软件对所列的通航产业园区产业布局评价指标体系所计算出来的权重，用以下的一个算例来分析说明这个评价指标体系的一些功能和效用。该算例可以简单地体现出本书的研究目的和意义，同时对 *X* 通航产业园区和 *Y* 通航产业园区进行评价，这样能有很好的对比效果。该评价不仅可以对通航产业园区产业布局合理性进行整体的评价，也可以通过其中的一些关键环节的打分来说明产业布局方面的一些薄弱点，从而达到优先改善瓶颈点来最大化优化通航产业园区内产业布局的合理性。

6.1　单因素评价

在对 *X* 通航产业园区和 *Y* 通航产业园区进行评价时，采用的评价集 *V* 分为 5 个等级 { 很差，较差，一般，较好，很好 }，分别用 1 ~ 5 来表示，如表 6-1 所示。

指标优劣性与分值对照表　　表6-1

指标优劣性	很差（*V*1）	较差（*V*2）	一般（*V*3）	较好（*V*4）	很好（*V*5）
分值	1	2	3	4	5

请 5 位专家（*P*1，*P*2，*P*3，*P*4，*P*5）对 *X* 通航产业园区和 *Y* 通航产业园区基于该评价指标下的情况进行打分，统计如表 6-2 所示。

5位专家对各评价因素的打分情况　　表6-2

二级评价指标	*X* 通航产业园区					*Y* 通航产业园区				
	*P*1	*P*2	*P*3	*P*4	*P*5	*P*1	*P*2	*P*3	*P*4	*P*5
园区地理位置（*C*11）	4	3	4	3	3	5	4	4	3	4
基础设施完备性（*C*12）	4	4	5	3	3	4	3	4	5	3
园区内相关机构的健全性（*C*13）	3	4	5	3	4	3	4	3	3	3

续表

二级评价指标	X通航产业园区					Y通航产业园区				
	P1	P2	P3	P4	P5	P1	P2	P3	P4	P5
每平方千米的道路面积（C14）	4	4	5	3	4	3	3	3	4	3
每平方千米的绿化面积（C15）	4	3	4	4	3	4	3	3	3	4
土地扩充弹性（C16）	2	1	3	3	1	4	4	5	4	5
与城市总体规划协调性（C17）	4	3	4	4	3	4	4	3	3	3
单位面积基建投资额（C18）	3	3	4	4	4	4	4	5	4	3
园区内通航及相关产业集中度（C21）	3	4	4	4	3	4	4	3	5	4
园区内通航及相关产业聚集性（C22）	4	3	4	5	3	3	3	5	4	4
园区内企业（部门）间产业互补程度（C23）	4	3	4	4	3	4	5	4	4	5
园区内企业（部门）间的合作意识（C24）	3	3	5	5	3	5	4	4	4	5
园区内企业（部门）的信任程度（C25）	3	3	4	4	3	4	5	4	4	4
园区内企业（部门）战略联盟率（C26）	4	4	5	4	3	4	4	4	5	5
园区内企业物流成本节省率（C27）	4	4	4	3	3	4	4	3	4	4
通航产业与其他经济要素关联性（C28）	4	3	4	4	4	4	5	5	4	5
园区单位面积总产值（C29）	4	4	5	4	3	4	4	5	5	4
对大气环境污染破坏程度（C31）	3	2	3	3	2	4	5	4	4	5
对水环境污染破坏程度（C32）	4	3	3	3	3	3	2	2	3	2
对声环境污染破坏程度（C33）	4	3	3	3	3	4	5	5	4	5
对绿化地森林破坏程度（C34）	3	3	4	3	2	3	3	2	2	2
环保与生态体现水平（C35）	4	3	4	4	3	3	4	4	4	5
生态环境改善潜力（C36）	4	4	5	3	4	4	4	5	4	4
园区内环保政策的完善程度（C37）	3	3	4	3	4	4	4	3	4	5
园区每千人中受高等教育人数（C41）	4	4	5	4	3	4	3	5	4	5
企业科技活动人员比例（C42）	5	4	5	4	4	3	3	4	4	4
企业专利申请数（C43）	4	4	4	3	3	3	3	3	3	4
企业科技活动经费支出（C44）	4	5	4	3	5	2	3	4	3	4
所在省份高等院校数（C45）	3	3	4	4	4	3	3	4	4	4
对园区的财政支出（C51）	4	4	4	3	3	3	5	4	5	4
通航相关政策取向（C52）	5	4	4	4	4	3	4	3	4	4
通航相关激励机制（C53）	4	5	3	3	4	3	3	2	3	3

对X、Y两个通航产业园区的技术子系统指标进行单因素评价，根据 c_{ij}（i= 1，2，3，4，5；j=1，2，3，4，5）是赞成第 i 个因素 u-（i=1，2，3，4，5）为第 j 种评价的票数，对上表统计的分数结果按照一级指标进行分类统计、票数统计与计算，得出如表6-3 ~ 表6-7所示的计算结果。

园区基础条件各子因素专家打分结果票数统计表 表6–3

园区	X通航产业园区					Y通航产业园区				
评价等级	V_1 很差	V_2 较差	V_3 一般	V_4 较好	V_5 很好	V_1 很差	V_2 较差	V_3 一般	V_4 较好	V_5 很好
园区地理位置（C11）	0	0	3	2	0	0	0	1	3	1
基础设施完备性（C12）	0	0	2	2	1	0	0	2	2	1
园区内相关机构的健全性（C13）	0	0	2	2	1	0	0	4	1	0
每平方千米的道路面积（C14）	0	0	1	3	1	0	0	4	1	0
每平方千米的绿化面积（C15）	0	0	2	3	0	0	0	3	2	0
土地扩充弹性（C16）	2	1	2	0	0	0	0	0	3	2
与城市总体规划协调性（C17）	0	0	2	3	0	0	0	3	2	0
单位面积基建投资额（C18）	0	0	2	3	0	0	0	1	3	1

$$R_1^X=\begin{bmatrix} 0 & 0 & 0.6 & 0.4 & 0 \\ 0 & 0 & 0.4 & 0.4 & 0.2 \\ 0 & 0 & 0.4 & 0.4 & 0.2 \\ 0 & 0 & 0.2 & 0.6 & 0.2 \\ 0 & 0 & 0.4 & 0.6 & 0 \\ 0.4 & 0.2 & 0.4 & 0 & 0 \\ 0 & 0 & 0.4 & 0.6 & 0 \\ 0 & 0 & 0.4 & 0.6 & 0 \end{bmatrix},\quad R_1^Y=\begin{bmatrix} 0 & 0 & 0.2 & 0.6 & 0.2 \\ 0 & 0 & 0.4 & 0.4 & 0.2 \\ 0 & 0 & 0.8 & 0.2 & 0 \\ 0 & 0 & 0.8 & 0.2 & 0 \\ 0 & 0 & 0.6 & 0.4 & 0 \\ 0 & 0 & 0 & 0.6 & 0.4 \\ 0 & 0 & 0.6 & 0.4 & 0 \\ 0 & 0 & 0.2 & 0.6 & 0.2 \end{bmatrix}$$

园区产业集聚各子因素专家打分结果票数统计表 表6–4

园区	X通航产业园区					Y通航产业园区				
评价等级	V_1 很差	V_2 较差	V_3 一般	V_4 较好	V_5 很好	V_1 很差	V_2 较差	V_3 一般	V_4 较好	V_5 很好
园区内通航及相关产业集中度（C21）	0	0	2	3	0	0	0	1	3	1
园区内通航及相关产业聚集性（C22）	0	0	2	2	1	0	0	2	2	1
园区内企业（部门）间产业互补程度（C23）	0	0	2	3	0	0	0	0	3	2
园区内企业（部门）间的合作意识（C24）	0	0	3	0	2	0	0	0	3	2
园区内企业（部门）的信任程度（C25）	0	0	3	2	0	0	0	0	4	1
园区内企业（部门）战略联盟率（C26）	0	0	1	3	1	0	0	0	3	2
园区内企业物流成本节省率（C27）	0	0	2	3	0	0	0	1	4	0
产业与其他经济要素关联性（C28）	0	0	1	4	0	0	0	0	2	3
园区单位面积总产值（C29）	0	0	1	3	1	0	0	0	3	2

$$R_2^X=\begin{bmatrix}0&0&0.4&0.6&0\\0&0&0.4&0.4&0.2\\0&0&0.4&0.6&0\\0&0&0.6&0&0.4\\0&0&0.6&0.4&0\\0&0&0.2&0.6&0.2\\0&0&0.4&0.6&0\\0&0&0.2&0.8&0\\0&0&0.2&0.6&0.2\end{bmatrix},\quad R_2^Y=\begin{bmatrix}0&0&0.2&0.6&0.2\\0&0&0.4&0.4&0.2\\0&0&0&0.6&0.4\\0&0&0&0.6&0.4\\0&0&0&0.8&0.2\\0&0&0&0.6&0.4\\0&0&0.2&0.8&0\\0&0&0&0.4&0.6\\0&0&0&0.6&0.4\end{bmatrix}$$

生态环境各子因素专家打分结果票数统计表 **表6-5**

园区	X通航产业园区					Y通航产业园区				
评价等级	V_1 很差	V_2 较差	V_3 一般	V_4 较好	V_5 很好	V_1 很差	V_2 较差	V_3 一般	V_4 较好	V_5 很好
对大气环境污染破坏程度（C31）	0	2	3	0	0	0	0	0	3	2
对水环境污染破坏程度（C32）	0	0	0	4	1	0	3	2	0	0
对声环境污染破坏程度（C33）	0	0	0	4	1	0	0	0	2	3
对绿化地森林破坏程度（C34）	0	1	3	1	0	0	3	2	0	0
环保与生态体现水平（C35）	0	0	2	3	0	0	0	1	3	1
生态环境改善潜力（C36）	0	0	1	3	1	0	0	0	4	1
园区内环保政策的完善程度（C37）	0	0	3	2	0	0	0	1	3	1

$$R_3^X=\begin{bmatrix}0&0.4&0.6&0&0\\0&0&0&0.8&0.2\\0&0&0&0.8&0.2\\0&0.2&0.6&0.2&0\\0&0&0.4&0.6&0\\0&0&0.2&0.6&0.2\\0&0&0.6&0.4&0\end{bmatrix},\quad R_3^Y=\begin{bmatrix}0&0&0&0.6&0.4\\0&0.6&0.4&0&0\\0&0&0&0.4&0.6\\0&0&0.6&0.4&0\\0&0&0.2&0.6&0.2\\0&0&0&0.8&0.2\\0&0&0.2&0.6&0.2\end{bmatrix}$$

知识技术各子因素专家打分结果票数统计表 **表6-6**

园区	X通航产业园区					Y通航产业园区				
评价等级	V_1 很差	V_2 较差	V_3 一般	V_4 较好	V_5 很好	V_1 很差	V_2 较差	V_3 一般	V_4 较好	V_5 很好
园区每千人中受高等教育人数(C41）	0	0	1	3	1	0	0	1	2	2
企业科技活动人员比例（C42）	0	0	0	3	2	0	0	2	3	0
企业专利申请数（C43）	0	0	2	3	0	0	0	4	1	0
企业科技活动经费支出（C44）	0	0	1	2	2	0	1	2	2	0
所在省份高等院校数（C45）	0	0	2	3	0	0	0	2	3	0

$$R_4^X=\begin{bmatrix}0&0&0.2&0.6&0.2\\0&0&0&0.6&0.4\\0&0&0.4&0.6&0\\0&0&0.2&0.4&0.4\\0&0&0.4&0.6&0\end{bmatrix},\quad R_4^Y=\begin{bmatrix}0&0&0.2&0.4&0.4\\0&0&0.4&0.6&0\\0&0&0.8&0.2&0\\0&0.2&0.4&0.4&0\\0&0&0.4&0.6&0\end{bmatrix}$$

政策资金各子因素专家打分结果票数统计表　　表6-7

园区	X 通航产业园区					Y 通航产业园区				
评价等级	V_1 很差	V_2 较差	V_3 一般	V_4 较好	V_5 很好	V_1 很差	V_2 较差	V_3 一般	V_4 较好	V_5 很好
对园区的财政支出（C51）	0	0	2	3	0	0	0	1	2	2
通航相关政策取向（C52）	0	0	0	4	1	0	0	2	3	0
通航相关激励机制（C53）	0	0	2	2	1	0	1	4	0	0

$$R_5^X=\begin{bmatrix}0&0&0.4&0.6&0\\0&0&0&0.8&0.2\\0&0&0.4&0.4&0.2\end{bmatrix},\quad R_5^Y=\begin{bmatrix}0&0&0.2&0.4&0.4\\0&0&0.4&0.6&0\\0&0.2&0.8&0&0\end{bmatrix}$$

6.2 综合评价

6.2.1 一级指标综合评价

对 X 通航产业园区和 Y 通航产业园区的产业布局进行评价，结合层次分析法计算出的指标的权重进行计算，根据公式 $\widetilde{B}_1 = W_1 \circ \widetilde{R}_1$ 将得到较为准确的评价结果。

6.2.1.1　园区基础条件（B1）

（1）对于 X 通航产业园

$$\widetilde{B}_1^X = W_1 \circ \widetilde{R}_1^X = [0.2502\quad 0.2342\quad 0.1173\quad 0.0500\quad 0.0235\quad 0.0502\quad 0.2129\quad 0.0617] \circ \begin{bmatrix}0&0&0.6&0.4&0\\0&0&0.4&0.4&0.2\\0&0&0.4&0.4&0.2\\0&0&0.2&0.6&0.2\\0&0&0.4&0.6&0\\0.4&0.2&0.4&0&0\\0&0&0.4&0.6&0\\0&0&0.4&0.6&0\end{bmatrix}$$

$$= [0.02\quad 0.01\quad 0.44004\quad 0.44954\quad 0.0803]$$

（2）对于 *Y* 通航产业园

$$\widetilde{B}_1^Y = W_1 \circ \widetilde{R}_1^Y = [0.2502 \quad 0.2342 \quad 0.1173 \quad 0.0500 \quad 0.0235 \quad 0.0502 \quad 0.2129 \quad 0.0617] \circ \begin{bmatrix} 0 & 0 & 0.2 & 0.6 & 0.2 \\ 0 & 0 & 0.4 & 0.4 & 0.2 \\ 0 & 0 & 0.8 & 0.2 & 0 \\ 0 & 0 & 0.8 & 0.2 & 0 \\ 0 & 0 & 0.6 & 0.4 & 0 \\ 0 & 0 & 0 & 0.6 & 0.4 \\ 0 & 0 & 0.6 & 0.4 & 0 \\ 0 & 0 & 0.2 & 0.6 & 0.2 \end{bmatrix}$$

$$= [0 \quad 0 \quad 0.43174 \quad 0.43896 \quad 0.12922]$$

6.2.1.2　园区产业集聚（*B*2）

（1）对于 *X* 通航产业园

$$\widetilde{B}_2^X = W_2 \circ \widetilde{R}_2^X = [0.1845 \quad 0.1456 \quad 0.1678 \quad 0.1159 \quad 0.0992 \quad 0.0820 \quad 0.0768 \quad 0.0765 \quad 0.0527] \circ \begin{bmatrix} 0 & 0 & 0.4 & 0.6 & 0 \\ 0 & 0 & 0.4 & 0.4 & 0.2 \\ 0 & 0 & 0.4 & 0.6 & 0 \\ 0 & 0 & 0.6 & 0 & 0.4 \\ 0 & 0 & 0.6 & 0.4 & 0 \\ 0 & 0 & 0.2 & 0.6 & 0.2 \\ 0 & 0 & 0.4 & 0.6 & 0 \\ 0 & 0 & 0.2 & 0.8 & 0 \\ 0 & 0 & 0.2 & 0.6 & 0.2 \end{bmatrix}$$

$$= [0 \quad 0 \quad 0.40118 \quad 0.4974 \quad 0.10242]$$

（2）对于 *Y* 通航产业园

$$\widetilde{B}_2^Y = W_2 \circ \widetilde{R}_2^Y = [0.1845 \quad 0.1456 \quad 0.1678 \quad 0.1159 \quad 0.0992 \quad 0.0820 \quad 0.0768 \quad 0.0765 \quad 0.0527]$$

$$\circ \begin{bmatrix} 0 & 0 & 0.2 & 0.6 & 0.2 \\ 0 & 0 & 0.4 & 0.4 & 0.2 \\ 0 & 0 & 0 & 0.6 & 0.4 \\ 0 & 0 & 0 & 0.6 & 0.4 \\ 0 & 0 & 0 & 0.8 & 0.2 \\ 0 & 0 & 0 & 0.6 & 0.4 \\ 0 & 0 & 0.2 & 0.8 & 0 \\ 0 & 0 & 0 & 0.4 & 0.6 \\ 0 & 0 & 0 & 0.6 & 0.4 \end{bmatrix}$$

$$= [0 \quad 0 \quad 0.1105 \quad 0.59138 \quad 0.29886]$$

6.2.1.3　生态环境因素（$B3$）

（1）对于 X 通航产业园

$$\widetilde{B}_3^{X} = W_3 \circ \widetilde{R}_3^{X} = [0.1626 \quad 0.1905 \quad 0.1466 \quad 0.2446 \quad 0.1018 \quad 0.0896 \quad 0.0643]$$

$$\circ \begin{bmatrix} 0 & 0.4 & 0.6 & 0 & 0 \\ 0 & 0 & 0 & 0.8 & 0.2 \\ 0 & 0 & 0 & 0.8 & 0.2 \\ 0 & 0.2 & 0.6 & 0.2 & 0 \\ 0 & 0 & 0.4 & 0.6 & 0 \\ 0 & 0 & 0.2 & 0.6 & 0.2 \\ 0 & 0 & 0.6 & 0.4 & 0 \end{bmatrix}$$

$$= [0 \quad 0.11396 \quad 0.34154 \quad 0.45916 \quad 0.08534]$$

（2）对于 Y 通航产业园

$$\widetilde{B}_3^{Y} = W_3 \circ \widetilde{R}_3^{Y} = [0.1626 \quad 0.1905 \quad 0.1466 \quad 0.2446 \quad 0.1018 \quad 0.0896 \quad 0.0643]$$

$$\circ \begin{bmatrix} 0 & 0 & 0 & 0.6 & 0.4 \\ 0 & 0.6 & 0.4 & 0 & 0 \\ 0 & 0 & 0 & 0.4 & 0.6 \\ 0 & 0 & 0.6 & 0.4 & 0 \\ 0 & 0 & 0.2 & 0.6 & 0.2 \\ 0 & 0 & 0 & 0.8 & 0.2 \\ 0 & 0 & 0.2 & 0.6 & 0.2 \end{bmatrix}$$

$$= [0 \quad 0.1143 \quad 0.25618 \quad 0.42538 \quad 0.20414]$$

6.2.1.4　知识技术因素（$B4$）

（1）对于 X 通航产业园

$$\widetilde{B}_4^X = W_4 \circ \widetilde{R}_4^X = [0.3748 \quad 0.2509 \quad 0.1875 \quad 0.1038 \quad 0.0830]$$

$$\circ \begin{bmatrix} 0 & 0 & 0.2 & 0.6 & 0.2 \\ 0 & 0 & 0 & 0.6 & 0.4 \\ 0 & 0 & 0.4 & 0.6 & 0 \\ 0 & 0 & 0.2 & 0.4 & 0.4 \\ 0 & 0 & 0.4 & 0.6 & 0 \end{bmatrix}$$

$$= [0 \quad 0 \quad 0.20392 \quad 0.57924 \quad 0.21684]$$

（2）对于 *Y* 通航产业园

$$\widetilde{B}_4^Y = W_4 \circ \widetilde{R}_4^Y = [0.3748 \quad 0.2509 \quad 0.1875 \quad 0.1038 \quad 0.0830]$$

$$\circ \begin{bmatrix} 0 & 0 & 0.2 & 0.4 & 0.4 \\ 0 & 0 & 0.4 & 0.6 & 0 \\ 0 & 0 & 0.8 & 0.2 & 0 \\ 0 & 0.2 & 0.4 & 0.4 & 0 \\ 0 & 0 & 0.4 & 0.6 & 0 \end{bmatrix}$$

$$= [0 \quad 0.02076 \quad 0.40004 \quad 0.42928 \quad 0.14992]$$

6.2.1.5 政策资金因素（*B*5）

（1）对于 *X* 通航产业园

$$\widetilde{B}_5^X = W_5 \circ \widetilde{R}_5^X = [0.4327 \quad 0.3122 \quad 0.2551]$$

$$\circ \begin{bmatrix} 0 & 0 & 0.4 & 0.6 & 0 \\ 0 & 0 & 0 & 0.8 & 0.2 \\ 0 & 0 & 0.4 & 0.4 & 0.2 \end{bmatrix}$$

$$= [0 \quad 0 \quad 0.27512 \quad 0.61142 \quad 0.11346]$$

（2）对于 *Y* 通航产业园

$$\widetilde{B}_5^Y = W_5 \circ \widetilde{R}_5^Y = [0.4327 \quad 0.3122 \quad 0.2551]$$

$$\circ \begin{bmatrix} 0 & 0 & 0.2 & 0.4 & 0.4 \\ 0 & 0 & 0.4 & 0.6 & 0 \\ 0 & 0.2 & 0.8 & 0 & 0 \end{bmatrix}$$

$$= [0 \quad 0.05102 \quad 0.4155 \quad 0.3604 \quad 0.17308]$$

6.2.2　总体综合评价

由总体综合评价矩阵，可得：$\widetilde{B}=W'\circ R'=W'\circ[\widetilde{B}_1\quad\widetilde{B}_2\quad\widetilde{B}_3\quad\widetilde{B}_4\quad\widetilde{B}_5]$

（1）对于 X 通航产业园

$$\widetilde{B}^X=W'\circ R'^X=W'\circ[\widetilde{B}_1^X\quad\widetilde{B}_2^X\quad\widetilde{B}_3^X\quad\widetilde{B}_4^X\quad\widetilde{B}_5^X]$$

$$=[0.2472\quad 0.4162\quad 0.0624\quad 0.1610\quad 0.1132]$$

$$\circ\begin{bmatrix}0.02 & 0.01 & 0.44004 & 0.44954 & 0.0803\\ 0 & 0 & 0.40118 & 0.4974 & 0.10242\\ 0 & 0.11396 & 0.34154 & 0.45916 & 0.08534\\ 0 & 0 & 0.20392 & 0.57924 & 0.21684\\ 0 & 0 & 0.27512 & 0.61142 & 0.11346\end{bmatrix}$$

$$=[0.004944\quad 0.009583104\quad 0.361035804\quad 0.509266136\quad 0.115557492]$$

（2）对于 Y 通航产业园

$$\widetilde{B}^Y=W'\circ R'^Y=W'\circ[\widetilde{B}_1^Y\quad\widetilde{B}_2^Y\quad\widetilde{B}_3^Y\quad\widetilde{B}_4^Y\quad\widetilde{B}_5^Y]$$

$$=[0.2472\quad 0.4162\quad 0.0624\quad 0.1610\quad 0.1132]$$

$$\circ\begin{bmatrix}0 & 0 & 0.43174 & 0.43896 & 0.12922\\ 0 & 0 & 0.1105 & 0.59138 & 0.29886\\ 0 & 0.11430 & 0.25618 & 0.42538 & 0.20414\\ 0 & 0.02076 & 0.40004 & 0.42928 & 0.14992\\ 0 & 0.05102 & 0.41550 & 0.36040 & 0.17308\end{bmatrix}$$

$$=[0\quad 0.016250144\quad 0.2801429\quad 0.49109834\quad 0.212796828]$$

6.2.3　最终评分

采用公式$B=\dfrac{\sum_{i=1}^{5}B_iV_i}{\sum_{i=1}^{5}B_i}$进行 5 分制转换处理：

对于 X 通航产业园

$$B^X=\frac{\sum_{i=1}^{5}B^X{}_iV_i}{\sum_{i=1}^{5}B^X{}_i}$$

$$=\frac{0.004944\times1+0.009583104\times2+0.361035804\times3+0.509266136\times4+0.115557492\times5}{0.004944+0.009583104+0.361035804+0.509266136+0.115557492}$$

$$=\frac{0.004944+0.019166208+1.083107412+2.037064544+0.57778746}{1.000386536}$$

$$=\frac{3.722069624}{1.000386536}$$

$$=3.72063146599$$

对于 *Y* 通航产业园

$$B^Y=\frac{\sum_{i=1}^{5}B^Y{}_iV_i}{\sum_{i=1}^{5}B^Y{}_i}$$

$$=\frac{0\times1+0.016250144\times2+0.2801429\times3+0.49109834\times4+0.212796828\times5}{0+0.016250144+0.2801429+0.49109834+0.212796828}$$

$$=\frac{0+0.032500288+0.8404287+1.96439336+1.06398414}{1.000288212}$$

$$=\frac{3.901306488}{1.000288212}$$

$$=3.90018240862$$

6.3 结果检验与分析

比较上述的 *X* 通航产业园区和 *Y* 通航产业园区的综合模糊评价结果：B^X=3.72063146599 小于 B^Y=3.90018240862。虽然综合评价的最终结果差别不大，但通过对比可知 *Y* 通航产业园区在产业布局合理性上略占据优势，与实际情况相符，评价结果有效。

此外，具体到各项指标，可对比分析得出 *X* 通航产业园区和 *Y* 通航产业园区各自的优劣势以及发展的瓶颈。例如，从单因素评价来看，*X* 通航产业园区在园区基础条件 *B*1 中的园区地理位置 *C*11 明显不如 *Y* 通航产业园区。这就造成了在园区产业集聚 *B*2 中，

*X*通航产业园区的园区内通航及相关产业集中度（*C*21）、园区内通航及相关产业聚集性（*C*22）、企业物流成本节省率（*C*27）、知识技术因素（*B*4）中的园区每千人中受高等教育人数（*C*41）、通航相关政策资金因素（*B*5）中的对园区的财政支出（*C*51）均低于*Y*通航产业园区。而这几个指标所占的权重相对重要，对最终的评价结果影响较为显著。

在进行通航产业园区产业布局方案选择时，可以明确优先考虑事项，确定其重要性程度，再具体在指标的打分上进行充分考虑，来满足决策者最重要的要求。

第三部分 规划篇

产业地产视角下通航产业园如何发展？如何可持续发展？产业地产的核心是产业布局，通航产业园区的空间规划也要在产业布局的基础上进行综合设计。因此，此部分的内容是在第二部分产业布局评价指标体系的基础上按照产业园规划的时序，分四个章节从前期发展战略制定、产业选择定位到中期园区空间的布局再到后期的管理运营分别进行了探讨。

产业地产受政府政策的主导非常明显，因此需认真详细解读政府政策，从而把握制定发展的战略。具体到通航产业园，需要紧跟时代脉络，适应政策环境，因地制宜地选择适合通航产业园的发展战略。战略定位将结合郑州通用航空试验区这个案例进行研究分析。

产业定位需要回答发展什么及如何发展的问题。设计具备指导意义的产业规划方案，明确选择哪些产业，吸引哪些企业，指导如何吸引投资，如何运营管理，明确总体的产业定位和发展目标，这是与发展战略一脉相承的。产业定位将结合株洲通用航空产业园进行研究。

空间规划根据产业构成，明确规划目标与规划的重点，将通航产业园区的空间形态规划和控制分为宏观、中观、微观三个层面，结合具体案例荆门爱飞客镇，从产业空间布局、交通系统、景观与公共空间、建筑形态方面进行着重分析。

运营管理试图建立通航产业园产学研协同管理的创新模式，而要提高通航产业园的管理运营水平，可以通过构建产学研创新合作网络实现。在此基础上提出了创新圈层模式并模拟了各圈层空间组织关系，以求推动我国通航产业与园区的可持续发展。

第 7 章　发展战略

世界各国都在加快推进通用航空产业园的建设，但由于通用航空产业在我国属新兴产业，通用航空产业园的建设与发展并没有成熟的路径可以遵循，特别是在发展战略、产业定位、园区布局等方面还面临着种种矛盾、问题、困难和阻力。本章在分析研究国内外通用航空产业及产业园现状的基础上，从战略理论的原点出发，结合郑州通用航空试验区这个案例的具体情况，分析研究通航产业园建设的机遇和优势，困难和阻力，并探讨出郑州通用航空试验区发展战略，对制定我国大部分通用航空产业园的战略计划具有重要的理论和现实意义。

7.1　战略理论

7.1.1　基本概念

“战略”这个概念最早只存在于军事领域，企业战略的概念是随着产业革命和经济的发展逐步形成的，它是商业需要推动的结果，而不是理论发展的结果。从战略管理的演化路径来看，战略管理主要分为设计学派、计划学派、定位学派和能力学派。

（1）设计学派的观点：战略的产生是深思熟虑的过程；战略的制定是管理者的任务；战略的模式必须简单化，易于理解和贯彻实施。

（2）计划学派的观点：战略制定是一个有计划的、有意识的过程，这个过程被分解为许多步骤，这些步骤既能定性地描述分析，又能定量地计算；原则上管理者才是企业战略管理的实践者，实际上计划工作人员在战略进程中占据主动；战略制定后，需要通过制定详细的目标，进行预算编写程序来贯彻实施。

（3）定位学派的观点：将成本战略、集聚化战略和差异化战略作为企业的战略；企业所处外部环境是企业获得利润的关键，在企业制定战略时，应对企业所处的外部环境进行客观分析；战略的形成是深思熟虑的过程。

（4）能力学派的观点：企业从本质上说是能力的体现；对企业进行分析，首先是对企业的能力进行分析，企业的本质是创造并且利用知识的能力；企业的核心能力是企业综合竞争能力的集中体现，也是企业保持竞争优势的源泉。

7.1.2　具体内容

战略管理主要是指战略制定和实施的过程，一般来说，战略管理的内容包括四部分：通过战略分析了解企业所处的环境和竞争地位；战略的制定、评价和选择；战略的实施；评估战略的有效性并调整战略。

（1）战略分析

战略分析主要分析影响企业发展的关键因素，并确定影响战略选择的因素。战略分析包括三方面的内容：确定企业的使命和目标；分析企业所处的外部环境中包含哪些机会和威胁；分析企业的内部环境，了解企业所处的战略地位、所具有的资源、利益相关者。

（2）战略选择

首先需要制定备选方案，企业可以从总体目标的保障、中下层管理者积极性的发挥以及各部门战略之间的协调等各角度考虑，采用自上而下、自下而上或上下结合的方法来制定战略。然后评估备选方案，评估备选方案的标准通常有两个：一是考虑战略是否能够发挥企业优势、克服劣势、利用机会、回避威胁；二是考虑战略是否能被利益相关者所接受。最后进行战略决策，确定要实施的战略。

（3）战略实施

战略实施所要解决的问题主要包括：如何把有限的资源在企业的各个部门、各个层次之间进行分配；为了实现企业的目标，还要对企业的组织结构做哪些调整，还需要获得哪些外部资源；如何进行企业文化管理等，以保证战略的顺利实施。

（4）战略评估和调整

战略评估就是以经营业绩等评估企业战略的科学性和有效性。战略调整就是依据实际企业的经营状况、变化的经营环境对实施中的战略进行调整，保证企业战略实施的有效性。调整的范围可以包括：公司展望、长期发展方向、目标体系、公司战略等。战略分析的常用模型主要有波士顿矩阵分析模型、安索夫产品—市场分析模型、SPACE 矩阵模型、波特的五力模型和 SWOT 分析模型等。上述模型最初是针对企业战略分析而提出，因此不完全适用于对于产业的战略分析。而作为一种分析方法，SWOT 分析方法的扩展性较好，在产业研究方面已得到广泛应用。

7.1.3　案例展开

本章会依据通用航空产业的特点，从郑州通航试验区的现状入手，运用 SWOT 分析法对郑州通航试验区发展的优势和劣势、机遇与挑战进行分析，制定郑州通航试验区的发展战略，明确通航试验区的战略目标、功能定位、产业重点、发展路径，并提出确保战略实施的保障措施。

7.2 内外部环境分析

7.2.1 外部环境分析

（1）全球环境分析

中投顾问在《2017-2021年中国通用航空行业深度调研及投资前景预测报告》提到，2015年全世界大约有存量通用飞机36.2万架，其中美国拥有通用飞机20.4万架，欧洲拥有通用飞机11万架。宏观经济环境是影响通用航空发展的重要因素，全球商用飞机年订单和GDP增速密切相关，2008-2009年经济危机对通航产业的发展有一定的消极影响。从产业地域分布来看，全球通航产业市场集中度较高，主要集中在通航产业发达的国家。从美国、加拿大、法国、德国、澳大利亚等国家通航产业生命周期可以看到，通航产业起步期较长，未来随着发展瓶颈一一突破，市场进入稳定成熟期，主要是受宏观环境影响。

（2）我国环境分析

2010年底，国务院和中央军委联合发文，推进低空空域改革。2014年民航局修订了《通用航空管理许可规定》，降低行业准入门槛；制定《通用机场建设规范》，明确通用机场建设标准和使用规范；颁布《轻型运动航空器适航政策指南》，提高服务航空器的制造能力。国家空管委出台《低空空域使用管理规定（试行）》。"十三五"期间，国家将出台更多关于支持通用航空发展的政策措施，政策的破冰迎来了通用航空产业发展的春天。对比国外发达地区通航产业的发展可以看出，我国通航产业目前处于发展起步期。2005年至今，通航产业保持快速增长。据预测，到2020年预计通用航空飞机的数量将超过10000架，未来10年复合增长率为22%。经济基础和市场需求都已具备，但还有一些瓶颈需要突破。

（3）区域环境分析

郑州是全国重要的区域中心城市、国家综合交通枢纽，是"一带一路"中丝绸之路经济带上的主要节点城市和新亚欧大陆桥经济走廊的重要战略支点，在引领河南经济社会发展、支撑中部新十年崛起、辐射带动中西部方面具有重要作用。郑州是中原经济区的核心城市，中原经济区区位优越，人口、粮食等优势突出，目前正处于新一轮周期的上升阶段，面临着良好的发展机遇和空间，要加快经济的转型与发展，就要着力推进新型工业化，构建现代产业体系。2012年2月，国家民航局与河南省政府在郑州签署了《关于加快河南省民航发展的战略合作协议》，双方将共同推进郑州航空经济示范区和国内大型航空枢纽建设，大力发展航空物流和航空工业，建设航空产业链完整、航空经济发达的航空经济示范区。通用航空是航空经济示范区的重要组成部分，对于河南更好地发挥自身在中原经济区的示范带头作用，为中原经济区广开大门、吸引各方人才来此交流发展提供了便利的同时，也将进一步扩大其辐射力影响力。郑州市是中部地区最大的物资集散地，发展通用航空潜力巨大。同时通航的发展也将进一步凸显地区差异化特色，凭借其互联互通的特点，有望将这一错位发展、相互协作的理念和发展模式推广至整个中原经济区。

7.2.2　内部环境分析

（1）上街区基本概况

上街区始建于 1958 年，是因国家“二五”时期第二个铝工业基地建设的需要而设立的一个工业型城区。上街区是郑州 6 个市辖行政区之一，南依嵩山余脉五云山，西傍千年古河汜水河，总面积 61.73 平方公里，辖 1 个镇、5 个街道，总人口 20 万，先后荣获国家园林城、国家卫生城、河南省文明城区等荣誉称号。2014 年，全区地区生产总值超过 100 亿元。

（2）上街的产业发展概况

基于历史原因，上街素有铝都之称，第二产业在很长时间内是当地主要的经济支柱产业。随着上街当地铝土矿矿产资源的不断消耗和铝产业发展升级，中铝产值在上街工业产值所占的比重不断降低。作为全国都在谋划的新兴产业，通航的发展将打破传统经济发展模式，为上街探寻地区发展新的拉动力提供更多的选择，有望成为当地经济发展的新亮点。上街甚至有望借助发展通航的契机,实现地区产业结构和经济发展方式的转型。

（3）发展通用航空的基本条件

上街拥有占地 3000 余亩的上街机场，是发展通用航空不可多得的核心资源。郑州通用航空试验区就是以上街机场为核心进行规划建设的，试验区内已入驻企业 40 家，涉及通航研发制造、通航运营、通航服务等多种业态，具备一定的人才、技术优势。

（4）郑州通用航空试验区的规划建设概况

2011 年 8 月,郑州市委、市政府提出了建设郑州通用航空试验区的战略构想,近 4 年来，对通航试验区的建设进行了探索实践，完善了试验区的基础设施，初步组建了通航试验区的管理机构，进入了园区发展的初级阶段。

7.3　发展的 SWOT 分析

通过对通航试验区外部环境和内部条件的分析，我们已经充分认识到外部环境给通航试验区发展带来的机会、威胁与通航试验区自身存在的优势、劣势。在选择和制定通航试验区发展战略之前，首先要进行 SWOT 分析，然后明确制定园区发展战略的基本原则、战略目标、园区的产业定位和发展路径等，才能准确制定适合通航试验区自身的发展战略。

7.3.1 优势（Strengths）

（1）区位交通设施优越，具备发展通航的先天优势

上街机场离郑州市主城区 20 公里，地理和交通区位优越。郑州是中国中部地区重要的中心城市和国家重要的综合交通枢纽，是中原经济区的中心城市。未来郑州将成为全国普通铁路和高速铁路网中唯一的“双十字”中心，形成以郑州为中心的中原城市群“半小时经济圈”和全国“3 小时经济圈”。以新郑国际机场为中心，1.5 小时航程内覆盖全国 2/3 的主要城市和 3/5 的人口。其中涵盖了西安、北京等目前国内通航产业发展领先城市，有利于未来更早实现转场飞行。上街区始建于 1958 年，是应国家“二五”时期的第二个铝工业基地建设的需要而设立的一个工业型城区。上街距郑州主城区 38 公里，距洛阳 118 公里，上街机场距连霍高速上街出口约 3 公里。境内陇海铁路东西贯穿，可构筑公路、铁路、航空三位一体的立体交通体系。

（2）市场需求支撑

随着国家战略从东部往中西部转移，促进了中原经济区的快速发展，而郑州作为河南省会城市，是中原经济区高端客户群的聚集地，也是大量高端外来投资者进入中原经济区的重要门户。富士康、格力电器等企业的转移落户，给河南带来巨大的潜在客户市场，包括人口（特别是高消费群体）、经济（大型企业）、资源等，有助于带动本地市场，撬动内需。这些高端消费群体对新兴事物例如公务飞行的接受程度更高，有利于快速实现新兴业务的突破，同时也将带动中原经济区更为广泛的潜在市场。

（3）通航机场和枢纽机场相分离，能更好地发挥通航机场的灵活性优势

上街机场与郑州新郑国际机场分处郑州城区的西侧和南侧，能够避免在有限区域内的资源冲突（如空域、航线资源），同时又能更好地为细分市场客户提供针对性的特色服务，从而更好地发挥通航机场灵活性的特点。国内外通航发达地区也都表现出枢纽机场和通航机场相分离的特点。此外依托完善便捷的地面交通网络，从上街机场出发可快速到达中原城市群各主要中心城市。

（4）具有软硬件基础

硬件方面，上街机场有一条 2000 米 ×45 米的主跑道，从长度宽度来看已达到通航机场 VIP 程度。同时建有塔台、滑行道、指挥系统、导航系统等基础设施，储油量达 100 吨的储油设施 2 套。通航试验区的路网格局已经形成，市政设施配备到位，“七通一平”

全面达标，是省内首家规模最大，条件最好的通航产业园。软件方面，多家通航运营公司是当地发展通航的抓手和依托。常驻上街机场的河南蓝翔通用航空公司成立于1997年，是河南省首家通航公司，多年来培养了大批人才，为快速开展通航业务提供了契机。

（5）具有业务运营经验

上街机场与周边区域政府有广泛的农林业务合作关系。根据需要，蓝翔积极组织与周边政府合作开展农林作业，比如，执行黄泛区小麦的“一喷三防”任务等。蓝翔曾与陕西签订了10年战略合作伙伴协议，主要从事飞播任务。在体育运动方面，与省级专业队有长期深入的合作。上街机场拥有丰富的航空体育运动基础，已成为全省跳伞项目专业训练重要基地和全省航空模型专业训练重要基地。在科研试验合作方面，与中电科27所、郑州航空工业管理学院等科研单位和院校有多项合作项目。在航空救援方面，与警务部门等均保持长期合作。与不同机构的运营合作为郑州通航试验区的发展提供了宝贵经验，且维护并挖掘老客户的成本远低于新客户的开拓。若能进一步挖掘已有客户的潜在需求，与其开展更为深入的合作，总结经验，拓展业务，将有助于郑州在短期内建立通航服务能力，快速确立自身在中原经济区乃至全国的竞争地位。

（6）产业业态结构合理

从通航试验区开始建设至今，坚持发展与地方经济基础相配套相吻合的通航业态，利用上街为老工业基地的基础发展通航研发制造业，郑州啸鹰飞机组装试飞基地项目、河南三和飞机研发制造项目已经落地建设。利用原有的运营优势积极开展运营业务，目前试验区内基地公司4家，注册企业40家，机队规模达到60架，为运营业务的开展奠定了坚实的基础。通过运营业务的开展带动了通航会展、高端商务、空中旅游等高端服务业和商业地产的发展。

7.3.2　劣势（Weaknesses）

（1）空域资源不足

上街机场现有空域范围的划定影响产业发展。在上街机场空域划定之初，主要是考虑到蓝翔公司的空域需求多为跳伞、航模测试等体育性质的本场训练需求，所以划定的空域为半径5公里，真高1000米以下区域。同时上街机场的空域资源也受制于马头岗军用机场的影响。

（2）机制体制不合理

上街机场原为军用机场，1975年河南省体委接收上街机场成立河南省航空运动学校，成为省体育局的二级单位，即目前上街机场的产权归属单位是省体育局。这种产权归属关系直接的影响是上街机场缺乏明确的经营管理主体。

（3）规划区域行政管辖权不统一

郑州通航试验区的规划范围涉及荥阳和上街两个行政管辖区域，上街区域内的基础设施建设都已完善。因行政管理权的不统一，荥阳区域内的基础设施建设尚未启动，导致规划建设不统一、不同步。

（4）人才缺乏

通用航空产业是尖端产业，人才对于推动产业的发展至关重要。通用航空运营企业的筹建需要配备与公司拥有机型相匹配的飞行员、机务人员和航空安全管理、调度人员等专业人员；通用航空维修企业需要配备具有与本公司申请维修机型相符合的维修执照和维修管理执照的人员。目前，上述各类专业技术人员主要来源包括专业院校、部队转业等，各类专业技术人员短缺是国内存在的普遍现象。这在一定程度上影响了通用航空产业的快速发展。目前，郑州通航试验区已入驻的通航企业，由于上述各类专业技术人员短缺，在一定程度上影响了通用航空运营企业和维修企业的筹建和运营。

（5）机场网络薄弱

机场是通用航空产业发展的基础核心资源，完备的机场网络是通用航空产业发展的关键所在。虽然在《河南省通用航空发展规划（2014-2020）》中，河南省对通用机场建设进行了整体布局，未来将形成网络，但目前，河南仅有安阳和上街两个持证通航机场，郑州、南阳、洛阳三个民航机场兼顾通航业务，远远不能满足产业发展的迫切需求。

7.3.3 机遇（Opportunities）

（1）中原经济区建设

中原经济区（CPER）是指以河南省为主体，包含山东、陕西、湖北和安徽省部分地区的综合性经济区，地处我国中心地带，是全国主体功能区明确的重点开发区域。2011年两会上，“中原经济区”正式被写入《国家“十二五”规划纲要（草案）》，由此上升为国家战略。中部崛起是继西部大开发、振兴东北老工业基地之后国家提出的实现区域协调发展的重大战略。中部崛起是东西融合，南北对接，推动区域经济发展的客观需要。河南省作为中原经济区的核心主体，对我国中部地区崛起将起到至关重要的作用。中原地区成为全国投资热土，沿海发达地区向中西部产业转移和多点布局渗透的趋势引发了招商引资热潮，为通航产业吸引投资合作创造了最佳契机。

（2）“郑州航空经济综合实验区”建设

2012年2月，国家民航局与河南省政府签署了《关于加快河南省民航发展的战略合作协议》，双方将共同推进航空经济综合实验区和郑州国内大型航空枢纽建设。同年7月，国务院《关于促进民航业发展的若干意见》提出，要大力发展航空经济，选择部分地区开展航空经济示范区试点。河南省在全国首提建设航空经济综合实验区，目前已经被国家民航局列为全国的“航空经济示范区”试点。郑州航空港经济综合实验区上升为国家战略，郑州通航试验区作为其重要的组成部分，必将获得一系列的政策支持。这项具有战略性、前瞻性的决策，为郑州通航试验区建设带来前所未有的重大机遇。

（3）郑上新区的规划建设

《郑上新区概念性总体规划》于2014年4月通过专家评审，规划总面积972.7平方公里，人口规模约120万人，含荥阳市和上街区全境。荥阳、上街地带将成核心组团。郑上新区区位交通条件优越，产业发展基础坚实，生态资源、人文资源、历史文化资源丰富，且区域内经济社会联系紧密，正逐步呈现出加快发展的良好态势。在规划中，已将通用航空产业确定为该区域的首要主导产业，随着规划的实施，必将为通航产业的发展带来更多的机遇。

总之，上街发展通航，面临产业和区域发展双重历史机遇，已从经济腹地转变成地区前哨。上街区作为郑州航空经济综合实验区的主体区，通用航空经济有望快速“起飞”。

7.3.4 威胁（Threats）

（1）受政策性制约因素较多

通用航空的发展离不开政策的支持，包括空域政策、机场建设、企业筹建等各个环节，政策性的制约是民资进入该行业的最大风险，我国空中交通管理法规与运行机制还不尽完善也是当前制约通用航空产业发展和企业运营的主要因素。

（2）国内通用航空市场竞争十分激烈

我国通用航空进入提速发展期。地方政府热情高涨，各地通用航空产业纷纷布局，中部城市争相发展临空经济，通航产业发展取得一定的成就并逐步形成各自的特色，这使得郑州通航发展面临激烈竞争（表7-1）。

国内部分地区通用航空产业基地建设概况与发展特色　　表7-1

省市	通航相关产业 / 特色
长春	• 实行试点改革； • 针对农林作业飞行多的特点，重点研究和划设了监视和报告空域
沈阳	• 实行试点改革； • 国家级航空高技术产业开发区； • 以制造为主，与中航工业合作建立了沈阳国家航空高技术产业基地，是我国五大民用航空产业基地之一
广州	• 实行试点改革； • 根据军事飞行和民航航班量大、休闲消费类飞行多的特点，对三类空域科学划分
北京	• 要建成以通用航空销售、会展、金融、教育培训为特色的亚太地区最重要的通用航空服务业中心； • 已有8家通用航空公司递交了筹建申请，已有首航直升机和北京航空两家通用航空公司获批；

续表

省市	通航相关产业 / 特色
北京	• 北京昌平 20 亿打造“北京通用航空产业园”； • 北京平谷“平谷区将打造集飞机制造、驾驶培训、飞行托管、飞机维修、飞机展示和飞机销售为一体的通用航空产业基地”
青岛	• 北海舰队航空兵部队已根据青岛分区空域管理实际对低空空域进行了分类划设，并形成了初步规划方案； • 根据青岛分区地域特点、现有空管设施布局以及配套设施建设情况，共划设 7 个管制空域，6 个监视空域、4 个报告空域。
上海	• 国家级航空高技术产业开发区； • 建立城市空中 110
珠海	• 实行试点改革； • 国家级航空高技术产业开发区
重庆	• 2010 年 12 月，中航与重庆签约，决定斥资 300 亿元，投建航空器、集成电路等一批重大项目； • 拥有军用机场的梁平县成为先行者； • 2011 年 1 月由重庆机电、渝富等五家公司出资组建的重庆直升机产业投资有限公司诞生，正式拉开重庆进军通用航空的大幕
西安	• 国家级航空高技术产业开发区； • 西安航空基地的蒲城通用航空产业园，是国家民航局设立的我国唯一通航产业试点园区，拥有 2000 米以下，半径 8 公里的低空空域； • 国务院已正式批准西安为中国国际通用航空大会永久会址，并且确定每两年在西安举办一届； • 产业基地获批西部航空唯一的“国家新型工业化产业示范基地”

（3）省内通用航空市场竞争初显

通过多年努力，河南省通用航空产业已经初具规模，竞争初显。以郑州上街机场为依托的河南蓝翔通用航空公司和以安阳航空运动学校为依托的安阳通用航空有限责任公司，成为省内两家规模较大的通航公司。此外，郑州新郑机场也承担部分通航业务。《河南省政府发展研究中心关于把河南建设成为我国通用航空事业暨“低空经济”科学发展试验区方案》，提出把郑州建设成为我国中原地区灾害应急快速反应与“低空经济”发展的空中枢纽，把安阳建设成为我国以航空体育运动为基础的“低空经济”特色产业发展基地。安阳航校是国家体育总局直管的唯一一所副司级航校，是中国最大的航空俱乐部及航空体育运动中心，拥有多种航空器、航空运动需要的保障维修专业设施和条件，并有众多经验丰富的教员队伍。安阳发展通用航空产业和“低空经济”具有独特优势，对郑州通航产业形成一定的竞争压力。

郑州新郑机场为枢纽机场，承担着河南省的大部分航空运输任务，以大宗商品、大批旅客的干线运输等业务为主。目前，郑州新郑机场承担了部分通用航空业务，其通用航空业务主要以公务飞行为主。

7.3.5 SWOT 分析结果

郑州发展通用航空的优势与劣势都十分明显，机遇与挑战同在。郑州应紧紧抓住中原经济区上升为国家战略的契机、国家通航战略新兴产业处于起步期迅速崛起的历史阶段及郑州打造国际化航空大都市的机遇，大力发展通航产业，把航空资源优势转化为产业优势和经济优势，把郑州打造成为全省乃至全国的通用航空产业、“低空经济”的实验区和示范区。从全国范围来看，通航处于起步成长期，巨大潜力尚待开发。目前通航发展缺乏有效聚合力，许多城市发展的只是宽泛的航空制造，而非针对通航领域，如以沈阳为代表的一批发改委认定的国家航空高技术产业基地。或者仅瞄准通航一块领域，如上海发展警务航空及公务机业务，重庆发展直升机生产基地，西安蒲城通用航空产业园作为国家民航局设立的中国唯一“通航产业试点园区”。考虑到通航相对系统性的发展特点，这为郑州通航产业留下创新发展空间，郑州完全有机会后发先至，快速缩短差距甚至实现超越，打造特色品牌。从河南省内来看，郑州通航的发展要充分发挥上街属于郑州城区、介于郑州与洛阳两大都市之间、上街机场与干线机场分离的独特区位与资源优势，与安阳航空运动学校、新郑机场错位竞争、相互协作，凸显地区差异化特色。摆脱地域单点局限，超前认识网络价值，发动全省资源建立通航网络，构建通航枢纽发展的新模式。

一是与安阳错位发展。安阳在航空体育运动培训、通用航空器生产方面具有一定的优势。目前，安阳通用航空有限责任公司是一家以飞行执照培训为主要业务的通用航空公司，河南蓝翔通用航空公司是一家以农林业飞行为主要业务的通用航空公司，两家通用航空公司的业务发展定位各有侧重点。未来郑州通航将依托具备公务飞行潜力的上街通航机场，以公安部警务飞行培训基地为基础，以公务飞行合作项目为切入点，大力发展通用航空业务领域中拉动影响力最大的运营服务业部分和当前国内最容易切入的通航商务领域，拓展通用航空完整产业链，打造全国特色品牌。

二是与新郑机场错位发展。上街机场与新郑机场分处郑州市两翼，前者能更好地为有特殊需求的小规模客户如公务机高端客户提供个性化、特色化服务。未来郑州通航实验区将与新郑机场相辅相成，如同直升机的尾翼与旋翼，共同构成航空经济综合示范区的两大引擎。新郑机场扮演旋翼角色，通过打造枢纽干线机场，以其大进大出的规模效应，为航空经济示范区的发展提供核心上升动力；上街机场则扮演尾翼角色，为中原经济区整体腾飞，构建交通一体、服务共享、产业链接、生态共建的开放式城市群，实现地区整体又好又快发展提供持续动力，是航空经济示范区平稳发展、进退自如的有力保障。

7.4 战略目标与功能定位

7.4.1 战略目标

根据以上分析，结合郑州通航试验区实际，合理确定郑州通航试验区的总体战略目标是：将郑州通航试验区打造成为“中原经济区通航枢纽，全国公务机运营基地，中国飞来者大会承办地，全国一流的通航园区”。

近期（2016-2020 年）：依市建点，依托地区经济与市场需求打造通航交通门户。届时将引入至少 1 家通航飞机制造龙头企业，2 家 FBO 公司，聚集 10 架公务机，成为全国重要的公务机基地和全国商务人士首选的通航服务中心。

中期（2021-2025 年）：以点带区，借势交通门户打造郑西生态商务区。其中通航核心发展区实现年产值 200 亿元，就业人口 1.5 万人，税收 18 亿元；规划带动区实现产值 354 亿元。

远期（2026-2030 年）：以区促市，成为城市商务副中心，带动地区整体发展。其中通航核心发展区实现年产值 389 亿元，就业人口 3.4 万人，税收 30 亿元；规划带动区实现产值超千亿元。

7.4.2 功能目标

试验区的功能定位应为：全国领先的通航经济示范区，中原经济区通航服务中心，通航特色产业基地，郑州航空港经济综合实验区重要组成部分。

（1）全国领先的通航经济示范区

把通用航空试验区建设成为现代产业基地、区域通用航空物流中心、高端制造业科技创新引擎和开放合作平台，为促进区域经济社会发展和经济发展方式转变提供有力支撑，使郑州成为全国通航经济发展领军城市。

（2）中原经济区通航服务中心

以郑州优越的区位为支点，加快完善机场运营设施，提升公务机运营的保障能力；优化公务机进出机场、高端人士进出机场方案，确保方便、快捷；加快建设北京金都通航运营基地项目，培育驻场公务机运营公司和公务机维修保障服务公司。将郑州通用航空试验区打造为中原经济区首要公务机运营基地、航空应急救援中心、通航教育培训基地等。

（3）通航特色产业基地

加快产业项目建设，围绕通航制造、研发、运营、服务等环节，培育通用航空产业链，以运营为切入点，促进研发制造的发展，带动服务业快速支撑，建设通用航空的特色产业基地。

（4）郑州航空港经济综合实验区重要组成部分

加快将郑州通用航空试验区融入航空港经济综合实验区，与航空港经济综合实验区实现“统一规划、统一建设、统一管理、统一招商、统一政策”等“五统一”管理，快速培育产业规模，对港区的建设形成有力的支撑，成为航空港经济综合实验区的重要组成部分。

7.5 战略选择

通过以上的分析和论述，我们要选择和制定最适合通航试验区的发展战略。从郑州通航试验区的具体情况来看，培育核心竞争力还是最重要的，核心竞争力就是一定时期内，任何人在任何情况下无法复制的。那么郑州通航试验区要培养和利用自身的核心竞争力，与其他地方实现差异化发展，同时采取竞争与合作的发展战略，最终达到区域经济一体化的特色。

7.5.1 合作联盟战略

发挥郑州通航试验区的区位、交通优势，在地域空间上，建立以郑上新区为中心、依托郑州航空港经济综合试验区、“一带一路”、郑州自贸区上街片区以及郑州国际陆港第二节点等战略布局，与中原经济区所覆盖的城市形成布局合理、优势互补、协调发展的通航产业发展合作联盟；在公务机运营、航空物流、通航旅游等的产业布局上，依托郑州的交通枢纽地位，与周边的机场形成运营网络，将上街机场建成辐射全国的公务机运营基地，以中原经济区为核心的通用航空物流枢纽以及通航旅游的重要节点，与其他机场最终实现合作联盟的“多赢”目标。

7.5.2 基础先行战略

结合目前郑州通航试验区所具备的基础优势和存在的问题，在受制于空域、机场网络建设等客观因素影响的条件下，可以采取基础先行战略，进一步扩大基础设施优势，为企业创造良好的创业环境，吸引企业入驻，做大产业基础。一是加快试验区规划范围内基础设施建设。分步骤实施荥阳区域范围内的合村并城项目建设，2016年底完成辽河路、蓝天路、白云路等断头路的建设；2017年底完成金屏路、沙河路等主要道路建设；2018年底完成金水大道、东环路、上新高速、G310南延、S314、陇海西路、荥泽大道等对外联系通道建设。同时，加快郑州到洛阳城际铁路、地铁、有轨电车的建设，实现上街与周边城市的快捷交通联系。二是提升机场功能。尤其是按照机场建设的可行性研究，进一步完善机场功能，完成机场航管、目视助航、机位及配套设施改造工程，机场综合服务中心建设工程。

7.5.3 一体化融合战略

采取一体化融合战略，克服郑州通航试验区存在的行政区域管辖权不统一以及上街机场的管理体制问题，为郑州通航试验区的发展扫清障碍。积极向省、市政府请示，将郑州通航试验区规划范围内的行政管辖权进行统一，成立郑州通航试验区对总体规划范围内的区域进行统一管理。与省体育局协商，采取租赁或者合作经营的模式共同开发使用上街机场，提升机场的使用效率和经济效益，为通航企业、终端客户提供最佳的发展路径和服务体验，提升郑州通航试验区的核心竞争力。

7.5.4 差异化发展战略

根据《河南省通用航空产业发展规划》，全省在2020年要达到通航机场县县通，现有上街和安阳两个基地，郑州、南阳、洛阳三个机场兼顾通航业务，要想在竞争中实现发展，那么就需要走差异化发展的路子。安阳作为航空运动基地，航空运动优势比较明显，那么郑州通航试验区的产业定位要避免与安阳重复。郑州通航试验区要结合郑州、上街经济发展状况，在通用飞机的研发制造上，以小型私人飞机、旋翼机、无人机的研发生产为主，重点带动整机生产、通航飞机零部件制造，航空材料、航空内饰生产制造等产业的发展。在运营服务上，建立中部地区的飞行培训基地，促进空中探测、航空旅游等相关产业的发展。同时实现与新郑机场的差异化发展，为有特殊需求的小规模客户如公务机高端客户提供个性化、特色化服务。未来郑州通航实验区将与新郑机场相辅相成，如同直升机的尾翼与旋翼，共同构成航空经济综合示范区的两大引擎。

7.6 发展路径

未来，郑州通航试验区要进一步优化产业发展布局，统一规划，科学管理，协同发展，明确产业发展重点，制定完善园区布局规划，明确园区发展定位和空间布局，努力形成产业配套完善、产业竞争能力强的园区。

7.6.1 完善产业支持政策

产业政策是政府进行宏观调控的重要手段，正因政府有这样的权利优势，因而为产业园区营造一个良好的政策环境是政府不容推辞的责任。政策环境的优化，离不开以下几方面。

首先，建立和完善产业园法律法规。美国制定了200余项法律法规，为产业园的正常运行提供较完善的制度保证。我国政府应在地方政府及产业园已有的管理条例的基础上，制定和完善有关产业园建立、运行、退出的相关规定，形成产业园发展配套的法律体系。其次，加大财政税收的支持力度。尽管政府已认定的产业园在一定期限内享有免征营业税、所得税、房产税和城镇土地使用税的优惠政策，但扶持力度、深度及广度远远不够。财政税收的优惠不能只在税收上做文章，加大科技投入，建立多渠道、多元化的投入体系也很重要。在财政调控的同时，还可使用政府采购手段来支持有发展前景但一时还未被市场接受的项目。再者，拓宽产业园融资渠道，为产业园的发展提供一个良好的宽松的融资环境是解决产业园资金问题的关键。政府除了提供给产业园扶持基金之外，更应该鼓励各种类型的投资基金的发展，以及进一步完善资本市场，适当放宽创新型企业在创业板融资的条件。最后，创新激励制度，尤其是人才激励和产权激励制度。为了完善和落实近年来的人才激励制度，政府部门应积极完善有关员工持股、股权激励等激励制度，推动产权激励制度的规范化，激发人才的积极性。同时，还应完善人才流动制度和分配制度，消除不必要的限制，积极引进海内外创新型人才为我所用。

7.6.2 加强知识产权保护

高新技术很难开发和创新，但很容易被模仿，缺乏知识产权保护制度的国家势必是一个危险和混乱的国家。尽管知识产权保护法已制定，但我国侵权、盗版现象仍很普遍。完善知识产权保护法，加强知识产权的保护对通航产业园的有序运行至关重要。建立和完善知识产权保护体系可从以下几方面努力。

第一，健全通航产业园知识产权保护政策。各地政府部门应在已有的科技成果转化、知识产权保护等法律下，健全通航产业园的知识产权保护的法律体系和管理制度，加大宣传力度，提高人们的产权保护意识，鼓励和促进创新技术及时申请专利保护，避免创新产权流失海外。制度的建立健全更需要强有力的监管和执法，只有加重对侵犯知识产权行为的处罚，加大刑事司法打击力度，才能震慑犯罪分子，真正有效保护通航产业园知识产权。

第二，加强监督，营造知识产权保护的良好环境。知识产权的保护不仅是政府的职责，还需产业园内各市场主体的共同努力。政府部门应重点培育主体的知识产权保护能力，引导其不侵犯他人产权，又擅于保护自有产权。政府还应借助媒体的力量，进行曝光监督。

第三，加强国际知识产权保护合作，参与国际组织的产权谈判，展示我国政府严厉打击侵犯知识产权的坚定决心。针对我国高新技术遇到的知识产权保护问题，尽快建立健全预警应急机制、海外维权和争端解决机制。

7.6.3 遵循市场运作机制

通航产业园的建立和运行是市场经济下的产物，其功能也将以市场功能而非行政功能为主，过多的行政干预不但不会促进产业园的发展，反而会违背市场运作原则，最终阻碍其发展。对于处在初期的产业园，鉴于其发展需要大量资源以及调动资源的能力，政府的行政力量会帮助产业园更快、更顺地建立和运行。但随着产业园的发展，政府应逐步减少对产业园的投入，逐步放大产业园董事会的权利，包括对项目的考核、园区发展方向的决定等重大权利。尤其是产业园发展到了成熟阶段后，产业园应建立适应市场化发展要求的现代企业运行制度，避免管理体制和运作机制因赶不上产业园发展速度而起绊脚石作用。市场运作机制要求产业园形成政府引导、市场主导、政府服务而不干预、支持而不干涉的运作体系，通过“政府搭台，科技引领，市场运作”，实现产业园的长远发展。

7.6.4 构建多层次服务体系

完善的多层次的服务体系是通航产业园建设软环境的重要方面。完善的服务体系不仅包括完善的基础设施，还包括完善的中介服务体系，这就需要产业园为入园企业引进一批中介服务机构来提供中介服务，从而形成一套统一的服务体系。该体系包括：为园区企业提供诸如通航创业咨询、现代企业管理咨询、法律咨询等专业的咨询服务；为入园企业办理工商登记、税务登记、项目立项和申报、审计、会计等在内的代理服务；开展商务会议、成果交流、研讨、文印等商务服务；搭建信息资源共享交换平台，提供招聘信息、成果信息、投融资信息等信息，加强各企业之间的信息流动和资源共享；为产业园区内入驻的高新技术企业提供统一的物流服务；建立物业后勤保障系统，为企业人员提供商店、食堂、宿舍、交通、保洁等公共服务。通过这样多层次服务体系的构建，通航产业园才能为企业提供入园前和入园后全方位的服务，企业才有良好的软环境。

7.6.5 培养研发创新人才

通航产业园区的创新永远来自于人，培养具有创新精神的研发人才，是产业园不断活力的来源。产业园区应在国家有关人才激励的制度和规定下，建立园区有效的激励制度，如股权激励、员工持股、年薪制等，营造良好的重视人才的氛围，吸引海内外有创新潜力、管理能力的高素质人才。除了用激励制度吸引人才外，还应该拓宽人才引进渠道，改变以往从高校、政府机关直接招聘人才的单一引进模式，在全社会范围内公开选拔并培养孵化器管理的专业人才。此外，对于引进的人才不能一引了之，而应建立定期的、长效的培训机制，依托学校的优势资源，建立教学基地进行专业培训，也可通过联合培养、专题讲座、交流会等形式加强人才培训工作。产业园的人才建设除了培养外，还需加强人才的认同感来留住人才，这就需要产业园在培养人才的同时，注重园区内文化的建设，用轻松、和谐的创新文化吸引和留住人才。

7.6.6 拓宽投融资渠道

通航相关企业作为高投资、高回报企业，资金问题永远是其发展的关键所在，拓宽投融资渠道，完善投融资体系是通航产业园及相关金融机构促进通航产业园区企业迅速发展的重要举措，这就需要产业园搭建由风险投资、民间资本、证券市场、产权交易在内的投融资框架。通航产业园应建立产业园风险投资公司，引进风险投资基金，从而孵化优秀通航企业，促进科技成果的转化。除了风险投资基金，产业园应鼓励各种资金注入，如境外资金、民间资金，为产业园内企业的发展募集广泛的社会资金。同时，配套建立风险投资的约束和退出机制，解决投资者的后顾之忧。此外，产业园应为成熟的、达到条件的企业搭建证券市场上市的咨询、扶持渠道。另外，金融机构也应在拓宽企业投融资渠道中出一份力，加大对有前景、有好项目的通航及其相关企业的贷款力度。产业园也可直接引进各类金融机构和中小企业贷款担保机构，提供直接融资渠道和服务。

7.6.7 增强自主创新能力

自主创新能力直接关系着企业的发展命运。对于园区企业来说，自主创新能力就是研发能力。企业研发能力的强弱直接表现为科技成果的多少。事实表明，企业只有增强自主创新能力，才能在市场竞争中处于不败之地。通航产业园企业可从以下方面增强自主创新能力：

首先，加大科研投入力度。研究表明，科研投入与创新能力直接相关。因此，提高企业自主创新能力必须加大科研投入。同时，园区企业必须建立良好的专用资金管理制度，禁止资金挪作他用。

其次，完善科研人才培养机制。人才是企业从事研发活动的主体，人才的缺失将直接影响企业研发能力。园内企业必须高度重视人才的培养，建立科学的人才培养机制和激励机制，如知识培训、住房补贴、股权激励等，以最大限度地发挥人才潜能为企业谋福利。

最后，营造良好的科研氛围。积极向上、良性竞争的文化氛围才能引导员工科研的主动性，才能使企业实现良性运转。企业可借助学术交流活动、员工行为规范、娱乐活动、教育等形式培育良好的科研氛围，促进企业健康快速地成长。

第 8 章　产业定位

产业地产项目开展规划的目的是为了明确发展方向、优化产业环境、推动项目招商、保障投资收益。在对产业发展现状以及未来趋势分析的基础上，对项目的产业规划、发展战略、投资及盈利模式、招商策略、运营管理模式提出科学合理的分析，并对项目的投资规模、经济效益和社会效益进行评估，为开发商投资、开发和运营项目提供依据，为推动项目产业集群的发展提供建议。

产业发展初期存在诸多不确定因素，产业规划首先要解决的问题就是产业如何定位的问题，分析研究开发商拥有的地块适合发展哪类或哪几类产业，应该如何进行产业定位，在保留更大的包容性与可扩展性的前提下进行筛选，根据标准的优先级与可发挥效用的大小进行分类，建立产业组合。产业定位研究帮助开发商把握各细分产业及产业链中关键环节的产业现状和前景，为规划、投资和招商提供数据支持。本章通过对株洲通用航空产业定位发展的研究，为通航产业园区产业定位、发展思路和方向策略提供经验借鉴。

8.1　产业定位初步解析

8.1.1　前期详细调研

产业地产项目开发前需要对于拟引入的产业进行详细的调研。详细的调研是合理规划产业布局的基础。调研内容包括当地政府的规划和政策（区域规划、产业规划、税收政策等）、当地的资源条件（交通、能源、人才等）、原有的产业基础（产业发展现状、产业市场规模、产业在区域经济中的地位等）等。从产业发展规模和趋势、产业价值链、产业竞争、产业示范效应等方面分析产业。根据调研素材进行产业研究，经过产业研究后明确项目的产业定位。通过对产业各领域特性的分析，以及当地及地块的现实基础条件，结合项目自身特点，甄选出优势发展产业，选择出产业地产项目未来应重点发展的产业、产业子行业和产业链细分环节，给项目一个明确的定位。

8.1.2　产业选择评价指标体系

产业地产项目选择重点产业的依据主要从两个方面考虑，一方面考察产业的吸引力，另一方面考察产业地产项目所在地块的区域竞争力。对此可以建立指标评价和选择体系，如表 8-1 所示。

产业地产项目进行产业定位的重点产业选择评价指标体系　　表8-1

一级指标	二级指标	三级指标	指标说明
产业吸引力	产业发展前景	产业政策前景	反映产业在我国今后的发展中所受重视程度和政策前景
		产业技术前景	技术突破，新技术替代传统技术催生新兴产业的前景
	产业链能力	产业盈利能力	反映产业链环节利润率等盈利能力
		产业链控制力	反映产业链关键性和控制力，一般产业链上游控制力强
	产业发展质量	要素利用效率	包括单位产值能耗、人均产值等
		就业带动力	衡量细分产业解决就业的能力
		产业根植性	衡量企业在中国长期发展的可能性
		自主创新能力	有利于产业整体自主创新能力的提高
	产业转移力度	未来转移力度	未来产业转移的可能性和力度
		当前转移力度	当前产业转移的可能性和力度
	市场发展空间	市场容量	反映该产业当前和未来市场容量
		规模	目前该产业全球、中国、地区规模
		增长率	目前该产业全球、中国、地区增长率
	社会经济效益	要素利用率	反映各经济要素的利用效率
		就业劳动力	反映该产业对就业的承载能力和带动能力
		GDP 贡献率	反映该产业增长对 GDP 增长的贡献程度
区域竞争力	区域资源禀赋	自然资源	反映区域自然资源独特性和独占性
		人才优势	反映该区域人才相对优势
		市场优势	反映该区域市场承载能力和市场辐射能力
	产业存量基础	工业基础	反映该区域工业基础和水平
		电子信息产业规模	反映该区域电子信息产业规模和基础
		电子信息产业增速	反映该区域电子信息产业成长性
	区域投资成本	土地使用费	反映在该区域投资的土地成本
		税金	反映在该区域投资的税收成本
		政府补贴	反映在该区域投资的政府补贴收益
		厂房租金	反映在该区域投资的厂房成本
		原材料、配件成本	反映在该区域投资的原材料、配件成本
		物流成本	反映在该区域投资的物流效率与成本
		人工成本	反映在该区域投资的人工成本
		环境成本	反映在该区域投资的环境成本

产业的吸引力衡量的是在不考虑自身资源禀赋约束的条件下，某一细分产业对产业地产开发商而言具有的产业投资价值；该指标考虑六个二级指标：产业跨越式发展前景、产业链能力、产业发展质量、细分行业产业转移力度、市场发展空间和社会经济效益。

产业跨越式发展前景反映该产业政策、技术等方面的产业前景。一般地，关乎国家经济命脉和国家安全的新兴战略性产业都是国家高度重视的产业。目前而言，新能源、新材料、节能环保、高端装备等新兴战略性产业和以推动两化融合为目的的信息应用技术，都是国家高度重视和支持的产业。同时，这些产业发展伴随着许多技术上的创新和突破。

产业链控制力反映该细分产业或产业环节对整个产业链的控制力和带动力。以电子信息产业为例，产业链上游（如电子材料、电子元器件）对整个产业控制力强于下游产业。

产业发展质量包括要素利用效率、就业带动力、产业根植性及自主创新能力等，主要衡量地区产业发展质量和效率。

产业转移力度一方面反映的是该细分产业从发达地区转移到中西部地区的内在动力的强弱，动力越强说明未来几年进一步扩大产业转移的力度越大；另一方面反映细分产业目前正在进行的产业转移力度的强弱，力度越强说明最近一两年正在进行的产业转移力度越大。

市场空间用以判断细分产业的投资空间有多大，是对细分产业的规模、增速、市场容量等的综合衡量。

社会经济效益用以衡量细分产业能带来的社会经济效益，具体指标体现在增加地方税收、节能减排、就业带动、GDP 贡献等方面。

区域竞争力细分为区域资源禀赋、现有产业基础和区域投资成本三个二级指标来衡量。区域资源禀赋主要考察区域资源禀赋优势的独特性和不可替代性。主要从政治优势、自然资源优势、人才优势、市场优势等角度衡量。产业基础越好说明产业链基础、产业配套、产业集聚效应越明显，越具有区域竞争力。区域投资成本主要从生产成本、物流成本、人工成本、政府补贴、税金等角度进行衡量。

8.1.3 产业定位判定矩阵

指标体系设定之后，可以采用类似图 8-1 所示判定矩阵对产业进行选择。红色区域代表产业吸引力、区域竞争力都较强的细分产业，应该大力发展；绿色区域代表需要培养的细分产业；其他区域代表应该放弃的细分产业。这样就可以得出比较科学的产业组合，即最终的产业定位。

清晰的定位，也有利于开发商移植外部强势资源，培育内部特色优势，整合区域优

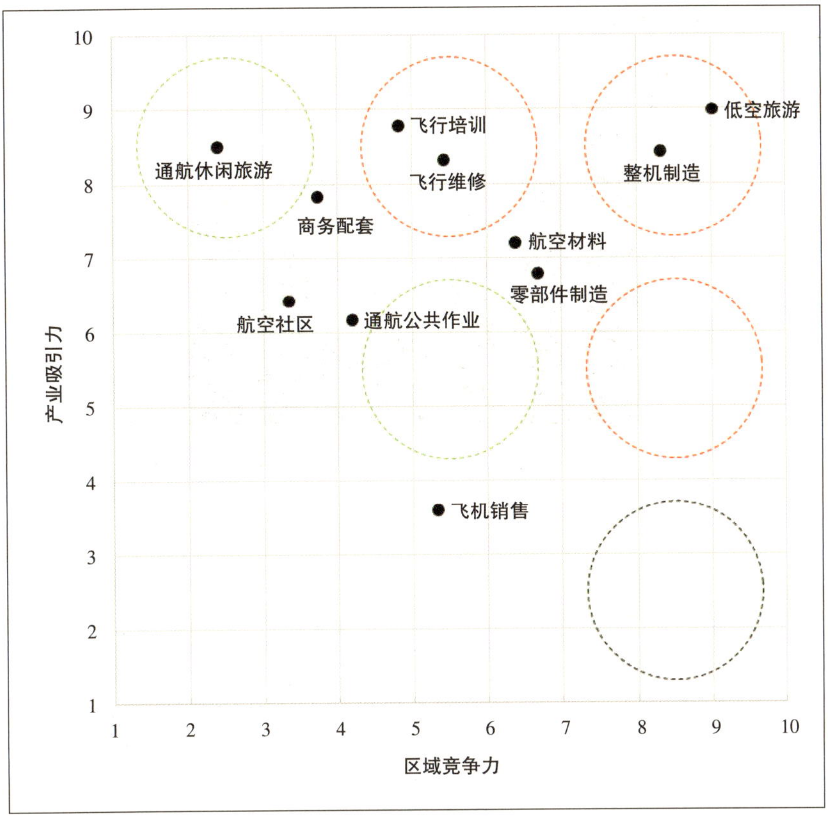

注：灰圈、绿圈、红圈的范围分别代表暂不发展、发展和重点发展的产业类型

图 8-1　产业定位判断矩阵

势资源。产业规划还应该指明项目需要具备的功能和特色，采取的运营模式，落实组织机构和各项保证措施。在产业选定基础上，从产业链结构及运作模式出发，依据“产业微笑曲线”理论，寻找产业附加值高的环节，并通过对各环节重点企业的研究，进行客户筛选，为开发商的招商引资提供支持。通过调研了解目标客户对研发、生产、办公、商务、居住等方面的功能需求（图 8-2）。并结合基础条件、产业聚集等因素，确定园区功能定位。产业布局是围绕核心资源的服务需求而进行的，包括功能分区、土地及环境容量控制、建筑形式及面积需求、交通及公共设施配套。产业规划还会提出招商政策和盈利模式，并对规划方案进行经济评价、财务评价、社会评价和风险评价，最终确定园区在初始期、发展期和成熟期的工作重点。在园区初始期，开发商应注重政策对接与规划能力建设。在园区发展期，应该着重培育招商和推广能力。在园区成熟期，应注重服务与创新能力。产业现状调研、产业定位研究、产业布局设计等工作，具备很强的专业性。开发商的工作人员与相应领域的专业服务机构组成联合项目小组，共同推进的形式相对而言效果也会比较好。

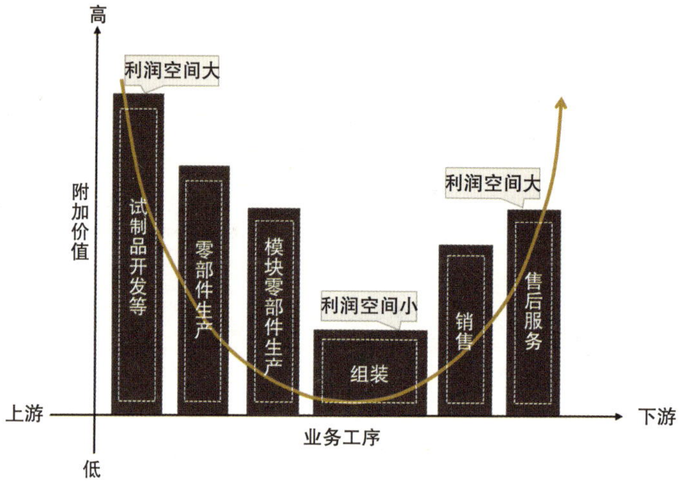

图 8–2　产业价值链微笑曲线

8.2　总体产业定位和发展目标

湖南省地处我国中南地区，在中国通用航空产业格局中的地位举足轻重。2012 年发布的《湖南省通用航空产业 2012-2020 年发展规划》，提出了建设环长株潭地区、大湘南地区、大湘西地区三大板块布局的航空网络，将培育和打造以通用航空为主要特色的新千亿产业。与此同时，在湖南省航空事业迅猛发展的势头下，省内各地也积极利用自身优势，争先恐后发展通用航空产业。为紧紧抓住这一前所未有的发展机遇，湖南株洲市制定了通用航空产业发展规划，规划期从 2013 年至 2025 年。

株洲通用航空产业的总体定位是“两翼并重”。一翼为航空发动机研发制造。要建立起完整的航空发动机和燃气轮机的自主研发体系，形成体系完善、创新引领、高端聚集、高效增长的产业发展态势，主要核心产品接近世界先进水平。另一翼为通用飞机整机制造和通航运营，建设整机制造和通航运营产业集群，形成龙头企业聚集，整机型号齐全，通航服务体系完备，通航运营网络辐射全国的产业发展态势。到 2025 年，通用航空产业总产值达到 800 亿元以上。

8.3　发展思路

8.3.1　产业驱动模式

株洲市通用航空产业的发展，在借鉴国外典型的通用航空产业聚集和驱动模式的优点，并结合国内通用航空产业发展现状以及株洲市拥有的资源禀赋的基础上，走以制造和运营为主，服务和延伸产业为辅的综合性产业驱动的发展模式。

8.3.2 战略方针

营造发展环境，完善服务保障体系；以通用机场为核心，聚集通航产业；以通航发动机为特色，通用飞机整机制造与运营并重，通航与其他产业互相促进，融入株洲经济社会发展与城市建设。

8.3.3 产业辐射范围

株洲通用航空产业的发展根据不同的通航业务，其产业辐射范围可概括为四个方面：立足长株潭，面向湖南省，辐射全国，瞄准全球。

立足长株潭指将株洲通用机场作为一个功能性城市机场，服务于长株潭城市群，并依托株洲和周边的资源，开展航空旅游、应急救援、飞行体验、飞行培训、公务飞行、农林作业等业务，使通用航空飞行尽快发展成为常态化。

面向湖南省是指依托株洲的通用机场和产业园，吸引长株潭地区以及省内的公务机、私人飞行人群，使五里墩机场成为中小型公务机和私人飞机的托管运营基地，同时将株洲通用航空机场作为重要的一个节点融入湖南省通用航空飞行网络。

辐射全国是指飞机制造、航模制造、发动机制造和零部件制造业针对全国市场，为全国其他地区的通用航空发展提供适合的机型、零部件和完善的售后服务。另外株洲的飞行培训面向全国，为全国飞行市场提供私照、商照等培训。同时树立公务机运营基地品牌，把株洲打造成全国重要的通用飞机制造基地和公务机与私人飞机飞行目的地。

瞄准全球是指要充分利用株洲在航空发动机领域的技术优势及国家振兴航空发动机产业的政策利好，在通用航空发动机研制上瞄准以欧美先进国家为代表的国际水平。同时，在整机制造方面选择有竞争力的机型，在满足国内需求的同时，瞄准全球市场。

8.4 产业重点发展方向

株洲通用航空产业的重点发展方向有四个：首先根据自身的优势发展通航发动机研制，包括无人机、通用飞机、公务机、支线客机和直升机的发动机研制，为全国乃至全球市场提供先进的发动机技术和产品。其次，依托株洲多年的发动机研发生产经验，开展国内外主流发动机的维修和售后服务业务，使株洲航空发动机产业更加丰富、完整。再次，依托株洲通用机场的良好条件，加大现有整机制造企业的产品研发和制造能力建设，加大整机制造项目的引进力度，逐步开展多品牌、多系列的飞机和直升机整机研发和制造业务。最后，凭借株洲通用机场紧邻城区的区位优势，充分发挥城市机场的功能，开展公务飞行、私人飞行、飞行培训、航空作业等运营业务，将运营与制造并重发展，充分发挥运营业的带动作用，带动制造业、服务业和航空延伸产业整体协调发展。

8.5 产业发展分期目标和路线图

8.5.1 产业发展分期目标

根据全国通用航空产业发展进程，把株洲通用航空产业的发展分成三个阶段：培育期、发展期、成熟期，并分别确定每一阶段的发展目标与路线图。

（1）培育期发展目标（2013 ~ 2015 年）

经济和产业目标：到 2015 年，实现通用航空产业直接产值达到 131 亿元人民币，其中航空发动机产业直接产值为 100 亿元，通用飞机整机制造产业 5 亿元，通航运营产业产值为 6 亿元，其他通航产业 20 亿元，带动总产值达到 300 亿元；争取培育成 3 ~ 5 家年产值过亿元的通用航空企业。巩固株洲国家唯一的中小航空发动机研发制造基地地位，初步打造成长株潭地区和面向中南地区的通用航空制造和运营基地，长株潭城市群公务机和私人飞机的托管服务基地。

（2）发展期发展目标（2016 ~ 2020 年）

经济和产业目标：到 2020 年，实现通用航空产业直接产值达到 412 亿元人民币，其中航空发动机产业直接产值为 300 亿元，通用飞机整机制造产业 32 亿元，通航运营产业产值为 20 亿元，其他通航产业 60 亿元，带动总产值达到 1000 亿元，争取培育成 3~5 家产值超 10 亿元的通用航空企业，同时培养 2 ~ 3 家通航上市企业；将株洲打造成湖南和中南地区重要的通用航空产业基地，湖南省重要的公务机和私人飞机托管服务基地，中南地区重要的公务机飞行和停靠基地，全国民用中小型航空发动机研制和服务的唯一基地，全国知名的通用航空制造、运营、延伸配套产业综合发展模式示范基地。

（3）成熟期发展目标（2021 ~ 2025 年）

经济和产业目标：到 2025 年，实现通用航空产业直接产值达到 810 亿元人民币，其中航空发动机产业直接产值为 500 亿元，通用飞机整机制造产业 80 亿元，通航运营产业产值为 50 亿元，其他通航产业 180 亿元，带动总产值达到 2000 亿元，争取培育 3 ~ 4 家产值超 50 亿元的通用航空企业，培养通航上市企业 3 ~ 5 家；将株洲打造成全国一流的通用航空产业基地，中南地区重要的公务机和私人飞机托管服务基地之一，全国重要的公务机飞行和停靠基地之一，全国重要的通用航空零部件、航材贸易中心，世界知名的航空中小发动机研发生产基地，通用飞机整机和零部件制造基地。

8.5.2　产业发展路线图

株洲通用航空产业发展分为三个阶段，每一阶段中都有若干需要完成的任务和具体事项，这些任务和事项前后衔接，贯穿起来形成了通航产业发展的总体路线图，如图 8-3 所示。

规划培育期 （2013 ~ 2015 年）	• 制定产业布局规划 • 完成初期通用机场建设 • 完成支撑项目的引进 • 申请设立应急救援场点 • 营造产业环境 • 建立金融等保障机制 • 巩固现有的通用飞机和发动机研制基础 • 完成飞行服务站的申请和建设 • 完成近期的经济和产业目标
快速发展期 （2016 ~ 2020 年）	• 完成株洲通用机场的跑道延伸工程 • 建成国内一流的通用航空基础设施体系和支持服务体系 • 依托株洲航空发动机基地建立国内完善的中小航空发动机售后服务网络和体系 • 完成中小公务机发动机的研发和制造 • 完成公务机制造项目的引进 • 建成多个机型的组装和零部件的生产基地，强化通用飞机的整机和零部件研发制造工作 • 建成湖南省公务飞行的重要停靠基地纳入到全省以及中南地区的航空应急救援及体系 • 进一步推动社会公益类通航业务发展、全面推动经济建设类通航业务、快速推进航空消费类通用航空业务、大力开展通航延伸产业和关联服务业 • 完成中期的经济和产业目标
产业成熟期 （2021 ~ 2025 年）	• 全面开展通航延伸产业和关联服务业 • 加强航空中小型发动机研发与制造能力并将市场逐步向海外扩展 • 开始自主研发飞机的组装和零部件生产等配套业务 • 逐步把株洲打造成为国内重要的通用航空制造和运营基地、全国知名的航空旅游度假基地、中南地区和全国重要的私人飞机和公务机托管服务基地 • 逐步成为国内和国际公务飞行和私人飞行的重要目的地之一 • 打造株洲通用航空品牌并逐步成为国内著名，国际知名品牌 • 提高政府的消防应急救援能力到国际领先水平 • 把通用航空发展为株洲市国民经济的战略性产业 • 完成远期的经济和产业目标

图 8–3　株洲通航产业发展路线图

第 9 章　空间布局

通航产业园区的空间形态规划要在确定自身发展模式的情况下，根据产业构成，明确规划目标与规划的重点，科学地进行资源分配和建立良好的园区形象。根据第 2 章航空产业园区相关基础理论的研究得出，通航产业园区的空间形态规划和控制可分为宏观、中观、微观三个层面，其规划内容包括空间布局、产业空间规划、交通组织、城市界面、景观系统、建筑形态、环境保护等方面。著者在本章对三个层面的内容的分析中，突出通航产业园区空间形态规划的特殊性，选取具有代表性的要素，结合案例荆门爱飞客镇（片区控规和城市设计由中国航空规划设计研究总院有限公司设计）通航产业园进行着重分析。

9.1　空间布局特征

9.1.1　基本原则

综合对国内外理论与实际案例的分析，通航产业园的空间布局包括下述一些主要特征：

（1）选址布局与机场及其周边区域的功能分区相适应；

（2）用地规模、功能分区、建筑形态等以产业特征为基础；

（3）以交通运输为核心组织空间布局；

（4）设施现代化、技术无污染，适应高新产业技术先进的要求；

（5）受机场建设、航空限高、生态保护的限制，注重环境营造，开发强度较低。

9.1.2　规划目标

（1）合理分区以处理好机场周边开发限制与项目发展需求的关系

大部分通航产业园区位于机场周边的建设控制区内，在规划时应深入研究各项目功能对土地使用和周边环境的要求，如较低矮的厂区可布置在航空限高控制较严格的区域内，居住和服务功能布置在航空噪声较低的地方。合理分区以降低航空限高、噪声、建设地限制等对产业园建设的影响。

荆门爱飞客镇由于规划基地位于风景名胜区以内的地块，地块容积率应控制在 0.5 以内；但考虑整体形象，对局部节点地块有适当调整，但总体开发量的控制应能够满足风景名胜区的要求，外围地块容积率最高不超过 1.5（图 9-1）。

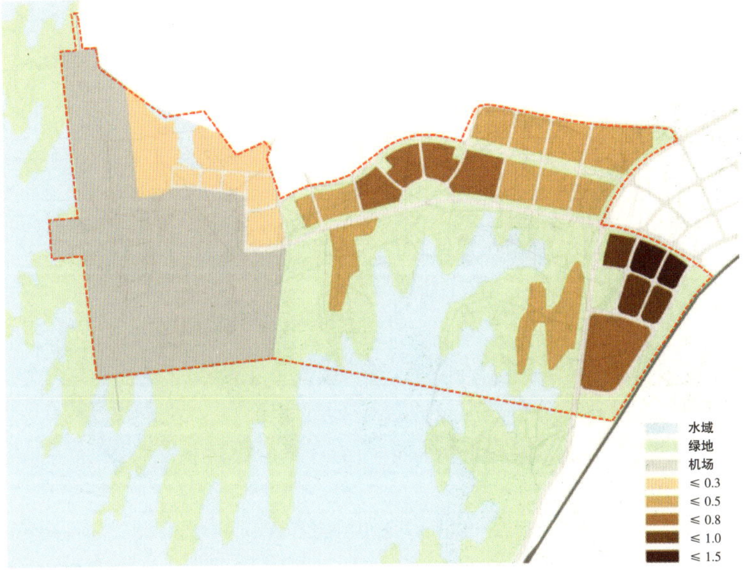

图 9–1 荆门爱飞客镇各地块容积率控制

（2）多因子分析产业布局要素以争取土地使用效率的最大化

通航产业园区具有高新技术产业与现代服务业相互融合的特点，各产业相互支持聚集成为产业综合体的同时，又在通航产业园区的土地、景观、基础设施、建设投资等资源分配上存在竞争关系。在进行产业布局规划时，将各产业进行人员规模和产能预测，并分类分级。对影响产业布局的交通、景观、用地条件、基础设施等进行多因子分析叠加，得出单个产业布局的最优区位，在此基础上结合产业分类分级的情况和产业内在需求联系，进行整体的产业空间布局规划，平衡各产业的区位选择和用地规模，实现经济、环境、土地利用效率的综合最优布局。

（3）采用因地制宜的手法使城市形象塑造与生态景观构建相协调

机场周边由于受机场建设控制区域的限制，开发建设活动受到控制，大多都保留了包括基本农田、河流水系、绿地走廊、林地和湿地所构成的生态景观格局。这就要求产业园的建设要坚持生态保护与生态建设并重，遵循“低影响开发”的理念，进行生态分区规划。具体分为生态保育区、生态缓冲区和城市建设区，从而因地制宜协调城镇建设与生态景观，进而维护区域生态基础设施的连续性和完整，维护区域生态安全格局。

在通航产业园的规划设计中，应充分利用好基地的自然景观资源，根据实际情况和园区空间布局将自然要素与园区景观系统进行因地制宜的衔接，以开放性、社区性、连接性和生态友好的设计原则贯穿于地貌形塑、景观核心打造中，以自然生态斑块、廊道为景观基底，结合园区集中式景观绿地、水体、带状绿地构建可流动循环的生态网络系统。

荆门爱飞客镇的生态分区规划中将区域分为（图 9-2）：

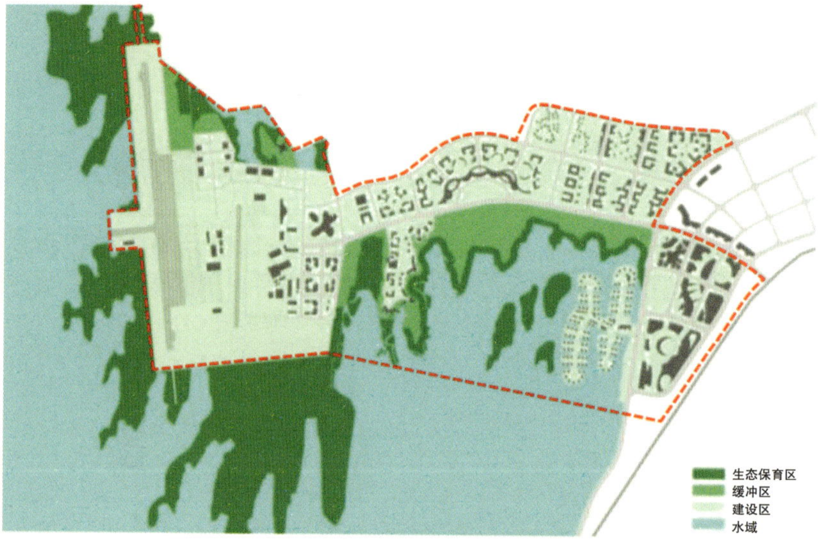

图 9–2 荆门爱飞客镇生态分区规划

1）生态保育区（生态涵养林）

基地研究范围内生态环境最为敏感的核心区和修复区，主要分布在研究范围内的漳河水库沿线，最少退后漳河水库岸线 50 米的区域；生态涵养区内只允许对生态无干扰的被动活动（步行和自行车），严格禁止机动车的进入和与生态保护无关的开发建设活动。

2）生态缓冲区

生态敏感性高，作为城市开发活动的生态缓冲地带，在整体保护的基础上，允许城市绿地、景观园林、小型休闲设施以及市政设施建设。

3）城市发展区

项目基地内生态敏感性相对较低的区域，可用于住区、酒店、商业、商务等生态友好型城市功能开发，但区内建设应控制开发规模、开发密度并且需按照绿色建筑标准执行。

（4）以总体规划、分类控制原则对不同类别城市空间形态进行引导

构建整体性强、特色突出的总体规划方案，并在此基础上，将不同功能和形态的城市空间进行分类分级，划定重点控制区域和一般引导区域，根据不同类型的空间特征制

定相应的空间形态设计方法和控制导则，有针对性地选取控制要素，定性研究与定量分析相结合，二维指标控制与三维空间设计相结合，对内营造舒适的生产办公场所，对外构建良好的城市空间形象。

这种城市空间形态定性与定量的控制体现在以功能与分区为前提，考虑周边环境整体意向对不同类型建筑的高度所做的控制。以荆门爱飞客镇为例，由于规划基地大部分位于漳河风景名胜区内，因此整体开发本着低高度、低强度的原则进行，但考虑规划地块本身的功能特点以及空间形象的需求，局部地块的高度适当有所突破，但控制在 36m 以下。

规划中，飞行社区和飞行公寓以低层为主，高度控制在 12m 以下；商业地块以 3 ~ 5 层为主，局部点式高层高度控制在 36m；办公地块以多层为主，整体高度不超过 24m，滨水度假酒店和行政文化节点处也以多层为主，部分标志建筑可突破，但不超过 36m（图 9-3）。

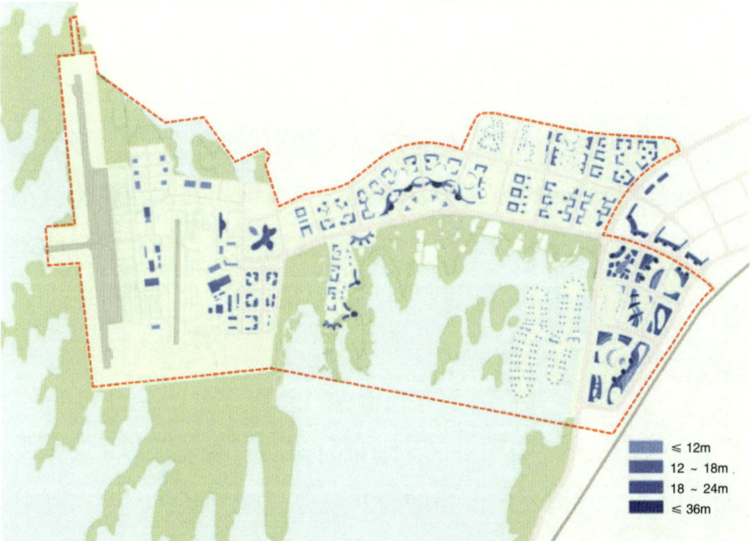

图 9-3 荆门爱飞客镇建筑高度控制

（5）建筑与景观设计融入航空元素以突出企业文化与城市形象特色

通用航空产业园区的建设关注的不仅仅是项目功能布局和土地利用的合理性，还关注于园区环境的营造和特色的展示。在规划设计中应采用先进建筑设计理念，将航空元素融入建筑与景观设计中，以体现航空产业的现代化、信息化特色，并利用标志性建筑与景观打造视觉焦点，突出通用航空企业文化，塑造城市门户区的标志形象。

9.1.3 规划重点

（1）总体空间形态的构建

1）根据城市总体规划及所处片区的发展规划，结合各企业自身产业发展战略，明确规划定位、产业选择与规划布局，构建整体性强、特色突出的通航产业园区总体规划结构与空间布局。

2）整合并优化现状自然资源，建立舒适、宜居的生态景观结构体系，进行设施配套、交通、市政等专项规划，形成一体、多元、集约、高效的配套与交通网络，研究以可持续发展为前提的土地开发策略和开发强度控制方法。

（2）指标与形态的量化控制

1）进行整体资源配置，优化空间与产业布局，研究产业布局模式，落实土地分配方案，细化项目核心建设指标，实现项目落地。

2）通过对城市空间形态进行量化分析和空间模拟研究，对通航产业园区的空间形态规划要素，包括用地划分规模、建筑空间形态、绿化景观设计、道路设施布局、城市界面形象等进行解析，将空间形态规划的理论研究运用到实际建设中。

（3）设计语言向管理语言的转化

为确保通航产业园区内各业主单位依照总体规划框架进行项目开发建设，并保证园区的空间形态规划成果与城市法定规划相衔接，为土地出让、项目建设提供依据，需要将通航产业园区的空间形态设计语言转化为城市规划管理语言，以保证通航产业园区空间形态规划的目标理念与空间结构能落实到开发方案中。

9.1.4 规划内容与层次

由于产业平台的发展完善，吸引不同产业项目的同时也吸引了大量人流、物流的聚集，产业发展带来的就业人口支撑一定面积的公共服务设施与居住配套，并对公共空间、景观绿地、休闲娱乐设施等产生了需求。通航产业园区在产业布局及空间结构框架建立的情况下，需构建相对完善的空间规划控制体系，对其空间形态进行有效的规划与控制以满足自身运营及开发建设的需求。

按照前文对通航产业园区构成的分析，通航产业园包括功能主体、附属设施、交通系统、景观网络、社会网络等几大部分。在确定规划策略与重点的前提下，结合对通航产业园空间体系的层次分类，将通航产业园的空间形态规划控制体系按空间层面类型归类，形成“宏观—中观—微观”三个层面的规划控制内容（表 9-1）。

通航产业园空间形态规划控制内容分级 表9-1

分级层面	类别	具体内容
宏观——总体规划层面	总体布局	产业布局
		土地利用
		功能与风貌分区
		开发强度控制
		高度分区
	空间体系	交通系统
		景观系统
		公共空间系统
		公共服务设施
中观——城市空间形态控制层面	建筑建造控制	建筑范围
		建筑形体
		建筑高度
		建筑风格与色彩
	空间界面控制	界面控制要素
		连续性界面
		渗透性界面
	地块布局模式	空间类别分析
		地块划分尺度
		建筑布局
		公共通道
	景观环境控制	景观视廊与节点设计
		景观构成要素
		绿化配置指引
微观——重点环境设计层面	外部环境要素	空间尺寸与尺度
		景观设施
		公共标识系统
	建筑要素	立面元素
		构筑物
	绿化要素	植物配置
		绿化设施

（1）宏观——总体规划层面主要是产业园区的总体规划布局和空间体系的建立。

荆门爱飞客镇根据基地空间格局特征和地块功能特点，结合道路，整体形成“一核两轴；一廊四片区”的空间总体规划结构（图 9-4）。

一核：指由管理中心和文化中心结合南部广场形成的区域核心；

两轴：指基地内沿爱飞客大道形成的联系基地各个功能片区，组织空间类型形成的空间形象展示轴；沿漳河大道连接漳河镇区与基地片区形成的城市功能连接轴；

一廊：指沿漳河水库形成的滨水生态廊道；

四片区：指基地内的四大功能片区，分别为机场核心片区，生态休闲体验片区，创意文化、产业片区，配套商贸服务片区；每个片区都形成各自空间节点，形成各具特色的空间整体。

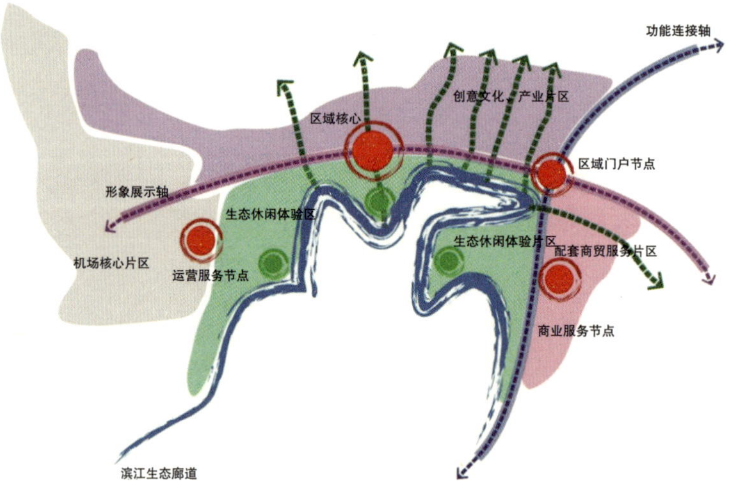

图 9-4　荆门爱飞客镇总体空间布局

（2）中观——城市空间形态控制层面着重于在城市空间体系框架下，对直接体现城市形态的要素进行量化分析与模式分类。

（3）微观——重点环境设计层面是在宏观、中观定性定量的基础上，在重点地段结合环境行为学、人体工程学的运用，进一步加强航空产业城建筑、景观的细节设计，形成富有特色的空间形象。

通过对以上三个层面的内容的分析，为了突出通航产业园区空间形态规划的特殊性，本章将选取产业规划、交通组织、城市界面、景观系统、建筑形态、环境保护等具有代表性的方面进行着重分析。

9.2　产业空间布局

在城市或片区宏观产业空间布局的引导下，通航产业园区一般结合自身建设与发展需求合理定位，选择核心主导产业进行相关的产业链延伸研究，进行产业结构规划并预测产业辐射范围与产业规模。结合产业的临空指向性和对周边区域的影响程度，将招商政策、产业临空指向、交通成本、土地成本、开发限制、产业基础、配套设施以及自然环境等影响因素作为影响通航产业园区的选址因子，经过多因子赋权重叠加，进行适宜性选址分析，同时以城市或片区宏观圈层的产业布局特征为参考，在城市相应片区内进行选址布局。其产业布局的综合指标体系的具体内容已在本书第二部分的指标篇进行了具体阐述。

在进行通航产业园的空间布局与土地利用规划时，注意综合考虑产业之间的内在需求联系及外部环境因素。目前国内规划建设中的通航产业园区，一般采用以主导产业为规划核心，各延伸产业及配套设施分组团布局的规划模式（图 9-5）。各组团结构清晰，通过内部交通系统与景观绿地相联系，切实结合各项目功能需求，体现功能布局的秩序性与整体性，并为新增项目预留发展空间。

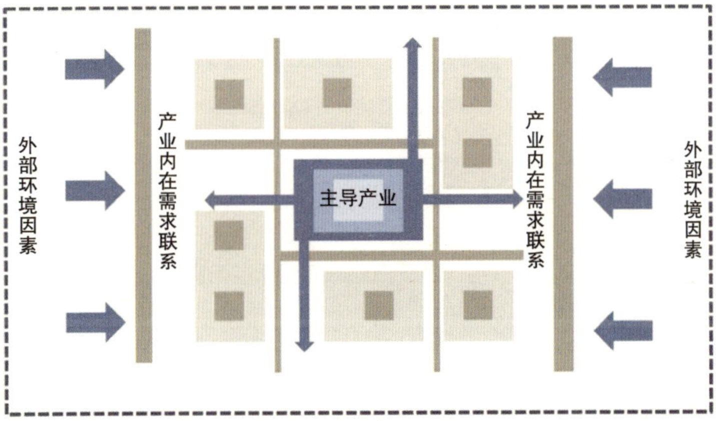

图 9–5　通航产业园空间组团布局模式示意图

9.2.1　产业构成

在城市或片区宏观产业空间布局的引导下，通航产业园区应结合自身建设与发展需求合理定位，选择核心主导产业进行相关的产业链延伸研究，根据产业运作与企业的关联度对产业进行分级，并预测各项产业比例与产业规模，作为产业用地规模预测和空间选址、布局模式的确定依据。本书重点研究的综合型通航产业园中，主要由通用航空关联产业、现代服务业、配套产业三大产业构成（图 9-6）。

9.2.2　用地规模预测

在对产业构成比例和产业发展预测的基础上，应根据各产业的不同用地特点进行产业用地规模预测，并进行合理的用地划分。根据产业的不同类型，将用地分为产业用地、生活用地和公共用地，采用不同的形式确定其用地规模，如图 9-7。

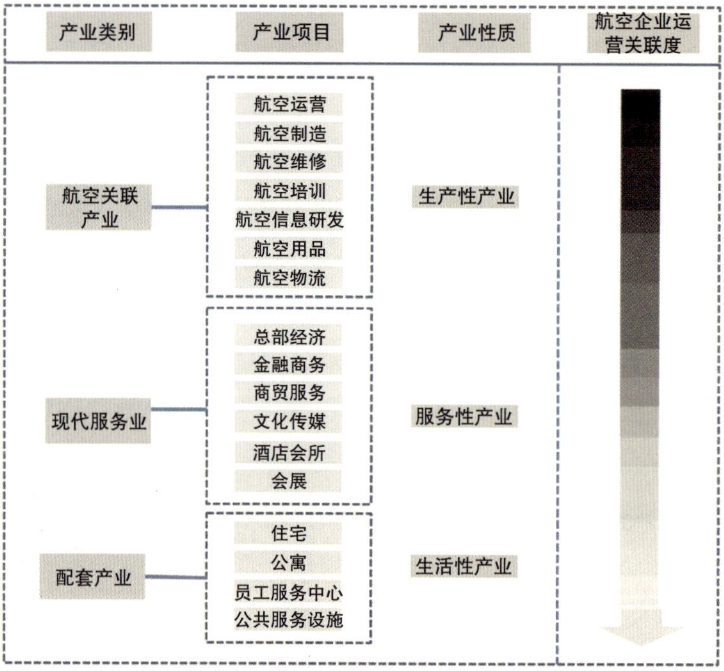

图 9-6　通航产业园产业体系配置

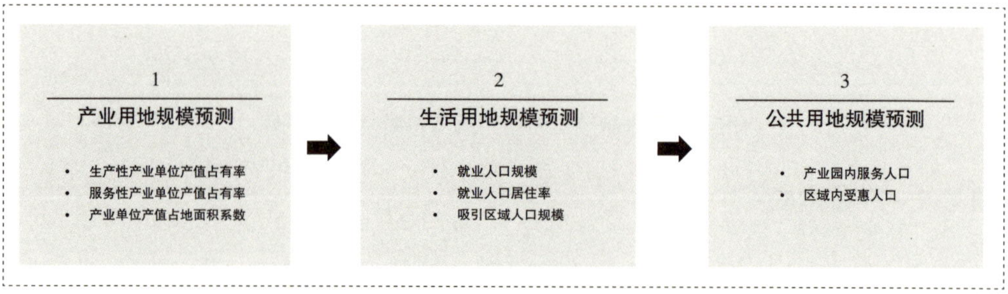

图 9-7　通航产业园各类用地规模预测流程

9.2.2.1　产业用地

产业用地中包含了上文提到的生产性产业和服务性产业两种类型，产业用地规模可以通过测算产业的单位产值占地率，结合产业规划期末的产值预测，确定规划期末产业的占地规模。该方法中，直接调查和收集行业若干样本企业的产值和占地面积资料，分别将其汇总后，以两者之商作为该产业单位产值占地面积系数。

产业 i 单位产值占地面积系数 = 产业 i 某年占地面积 / 产业 i 某年总产值

单位产值占地率也可通过收集国内外建设成熟的产业园区相关项目数据来推导。例如天津空港经济区空客 A320 总装线项目，预计年产值为 150 亿元，占地面积约 80 万平方米，单位产值占地率为 0.53m^2/ 万元，产业单位产值占地面积系数与总产值之积即为产业规划期末用地规模。

产业 i 预计用地规模 = 产业 i 单位产值占地面积系数 × 产业 i 总产值

该预测方法可在一定程度上反映问题的实质，利于城市规划人员直观、便捷地对产业用地规模进行大致预测，但对于专业的经济学研究层面，此方法过于粗略，产业产值与用地面积的关系只停留在表层认识上，对企业产值中资本与劳动的贡献份额问题，产业间内在联系，以及由于科技手段、研发技术的提高，单位产值占地率的动态变化分析不足。在航空产业城规划时建议进行专门的产业规划，加入资本和劳动等因素，修正产业的用地规模预测值。

9.2.2.2　非产业用地

通航产业园内的非产业用地包括生活性用地和公共性用地，主要服务于通航产业园内部的就业人口，同时承接小部分区域内的人群。对于非生产性的用地规模用人均占地指标来表示。首先以通航产业园的产业规模预测为基础，预测就业人口数，再计算就业人员及其家属的居住比例（表 9-2），得出产业城内的居住人口规模与公共服务设施的使用规模。规划期末人口规模与人均占地指标的乘积即为规划期末非产业用地规模。

通航产业园人口结构　　表9–2

产业结构	人口结构概要
通航相关产业	通航相关产业的就业人员及其家属
现代服务业	现在服务业将进驻的就业人员及其家属
公共服务配套	居民所需公共服务设施如商业、医疗、教育等就业人员及其家属
区域内居住人口	居住在产业园内的非产业园就业人员及其家属

计算产业就业人口有单位产值就业人口、地均就业人口两种方法，根据株洲市航空城战略规划的研究，航空相关产业地均就业人口 4000 ~ 6000 人 / 平方公里。居住与公共服务设施的人均用地指标可根据《城市居住区规划设计规范》中的相关规定来确定。

荆门爱飞客镇各类用地规模预测如表 9-3 所示。

荆门爱飞客镇各类用地规模预测　　表9-3

用地分类		用地面积（ha）	建筑面积（万 m^2）	建筑密度（%）	容积率	绿地率（%）
航空运营核心区		236	12	5	0.05	60
非产业用地	文化管理办公	38.4	21.2	20	0.55	45
	飞行公寓	12.3	1.6	10	0.13	60
	创客办公	42.9	20.2	23	0.47	45
	商业商贸	40.3	42.0	30	1.0	40
	飞行社区	17.0	6.0	20	0.35	35
	滨水度假酒店	9.3	4.6	29	0.5	35

9.2.3 产业布局要素分析

在对产业用地规模与就业人口预测的基础上，根据产业与企业运营的关联度进行分类分级。对影响产业布局的要素赋权重值，进行多因子分析叠加（表9-4），得出单个产业布局的最优区位，在此基础上结合产业分类分级的情况和产业内在需求联系，进行整体的产业空间布局。

产业选址因子评价表　　表9-4

评价因子	分类	赋值说明	权重说明
交通设施	快速路	对各类交通设施划定距离等级	航空工业、物流对交通设施要求最高，权重值高于现代服务业、商贸、商务、会展等产业，交通依赖性较强
	主干道		
	次干道		
	支路		
	交通枢纽		
土地成本	一级地价	根据城市基准地价进行分级	通航制造、研发、维修对地价的敏感度高于商业、金融
	二级地价		
	三级地价		
用地适应性	禁建区	用地坡度、坡向、高程等多因子叠加	通航制造、维修、物流由于占地面积较大以及特殊的生产流程和操作因素，对用地适应性要求较高
	限建区		
	适建区		
工程性基础设施	能源供应系统	对各类基础设施划定距离等级	通航制造、维修、物流等航空相关产业对能源供应、给排水要求较高，但需远离防卫防灾系统
	供水排水系统		
	邮电通信系统		
	环保环卫系统		
	防灾安全系统		

续表

评价因子	分类	赋值说明	权重说明
景观环境	山体	对各类景观要素划定距离等级	现代服务业、配套产业等对景观的要求高于航空相关产业
	水体		
	农田		
	集中绿地		
	建设用地		

9.2.4 产业用地地块划分尺度

根据产业构成分类，通航产业园的地面空间布局可分为物流工业、科技研发、商务办公、公共服务、居住、绿地景观六种类型。在通航产业园的规划中，应对建筑的形态和体量进行研究，根据不同性质、不同类型建筑的用地尺度需要，合理划分地块。

9.2.4.1 工业物流

结合对国内外机场周边工业与物流园区的分析，航空物流与工业用地具有园区分片区尺度较大的特点。以规整的道路划分园区的同时，根据实际建设情况采用大中小地块多元结合的地块划分模式，灵活地适应不同企业或工厂的使用需求。如图 9-8 所示，工业区域合理的地块边长为 350 ~ 500m。

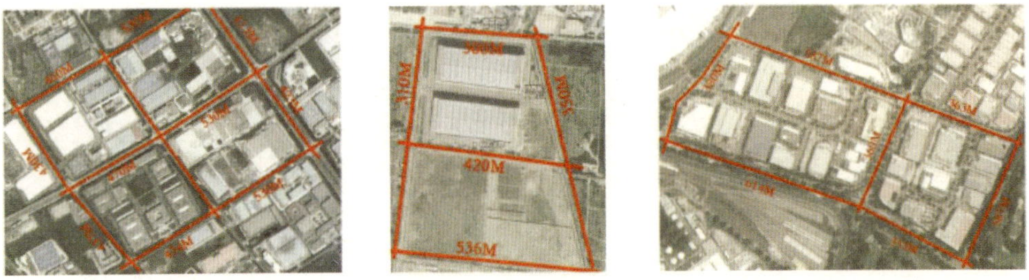

（a）天津空港经济区纺织城　（b）巴西航空工业园　（c）新加坡樟宜机场物流园

图 9–8 工业物流地块划分尺度

9.2.4.2 科技研发

科技研发类用地中，高科技产品研究与产品开发、实验室、实验楼等建筑体量都不大，但对附属设施如数据中心、计算机房、情报中心、会议办公、附属车间等要求较高。在通航产业园中，属性类似的科技研发中心通常聚集在同一区域，地块划分不宜过小，以方便附属设施的建设和共享。如图 9-9 所示，科技研发区域合理的地块边长为 200 ~ 300m。

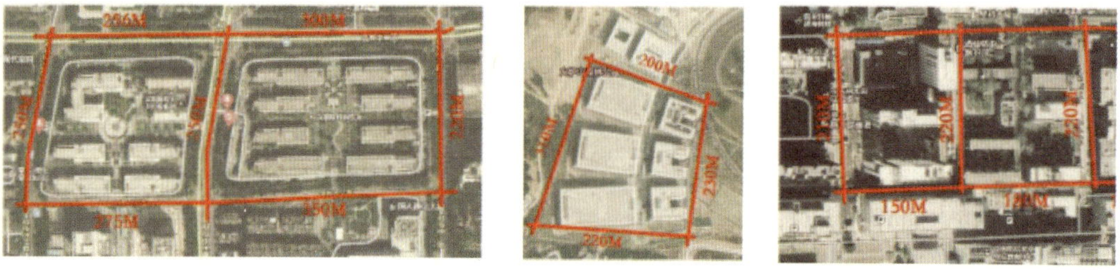

（a）深圳南山科技园　（b）广州移动南方基地　（c）北京中关村电子科技园

图 9–9　科技研发地块划分尺度

9.2.4.3　商务办公

商务办公建筑由于自身的建筑形式较为灵活，可根据企业的类型和规模选取灵活的地块划分方式。与城市中心区常见的紧凑式商务办公区不同，通航产业园的商务办公区域多采用吸收多家企业进驻的商务园区及针对一家大型企业的商务总部基地两种模式，根据企业办公规模和配套设施的服务半径来确定地块规模。如图 9-10 所示，一般情况下，商务园区的地块边长为 300 ~ 400m，商务总部基地的地块边长为 200 ~ 300m。

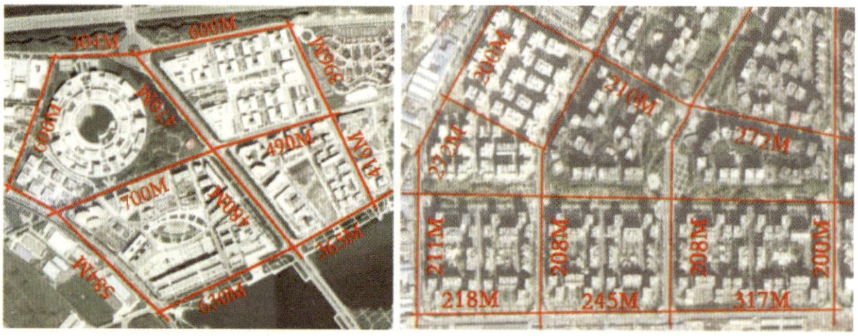

（a）天津空港商务园　（b）北京丰台总部基地

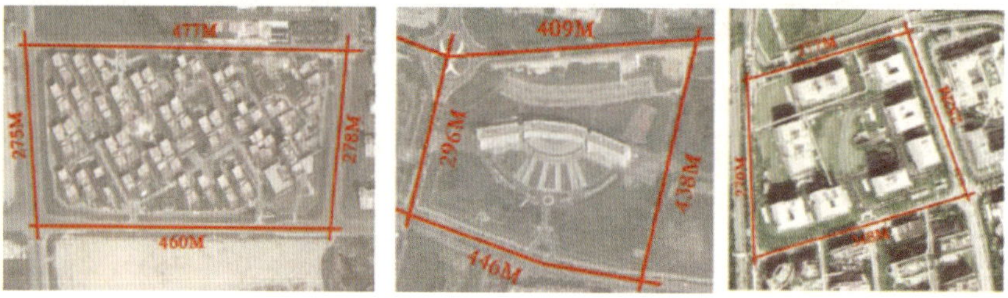

（c）北京空港经济区商务园　（d）首都机场国航总部　（e）上海临空经济园区扬子江总部

图 9–10　商务办公地块划分尺度

9.2.4.4　公共服务

通航产业园内的公共服务包括商业、酒店、会所、员工服务中心等，分为建筑单体布局和建筑群体布局两种模式。综合商业中心、体育馆、会展中心、大型酒店等建筑体量较大，周边需要一定规模的集散广场及停车、景观用地，采用单体式布局划分地块。小型购物中心、会所、活动中心等一般集中布置，形成一定的规模，共享景观、基础设施。对公共服务用地实例进行分析，如图 9-11 所示，单体式布局地块边长为 150 ~ 250m，建筑群体式布局分为沿街布局和集中布局两种形式，集中布局的地块边长一般为 200 ~ 400m。

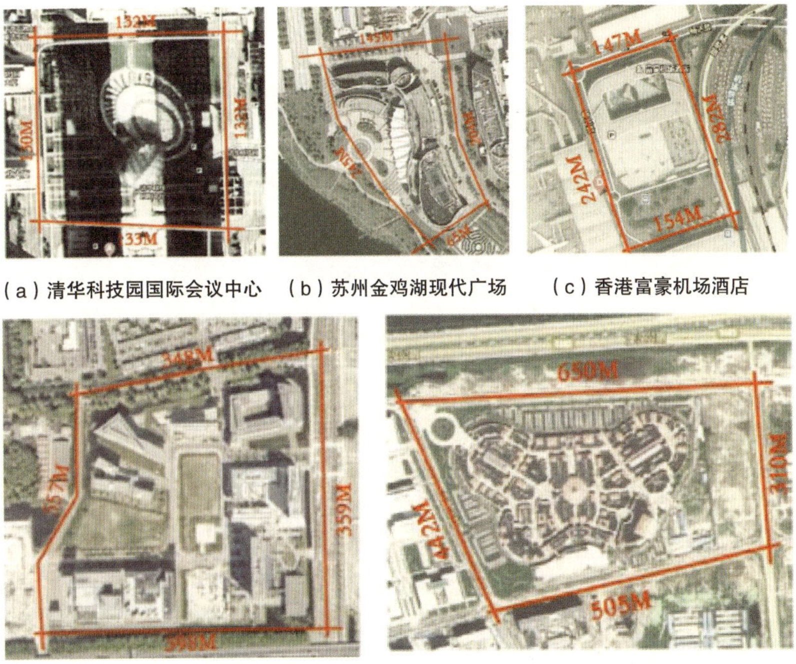

（a）清华科技园国际会议中心　（b）苏州金鸡湖现代广场　（c）香港富豪机场酒店

（d）Riekerpolder 园区购物中心　（e）天津空港经济区奥特莱斯

图 9-11　公共服务地块划分尺度

9.2.4.5　居住

根据居住区设计规范，居住小区的人口规模为 7000 ~ 15000 人。根据对通航产业园的居住人口预测，以达到 1.5 ~ 2 个居住小区的人口规模为例，从房地产开发、环境品质、服务设施配套等方面对居住用地的规划设计进行探讨。根据同济大学周俭等对居住空间的研究，我国居住小区规模不应该超过 150m 的空间范围，或 4 公顷的用地规模。结合对人的认知能力的分析，住区的适宜规模为 4 ~ 6 公顷，即地块边长为 200 ~ 300m 左右。

9.3　交通系统规划

交通规划是通航产业园区的先行环节。为实现各个交通区的经济及功能的价值最大化，交通系统的规划要遵循经济合理、综合一体化设计的原则。具体研究内容包括产业园区用地范围内的交通量、对外交通规划、城市道路系统、静态交通系统、公共交通系统以及慢行系统等（图 9-12）。

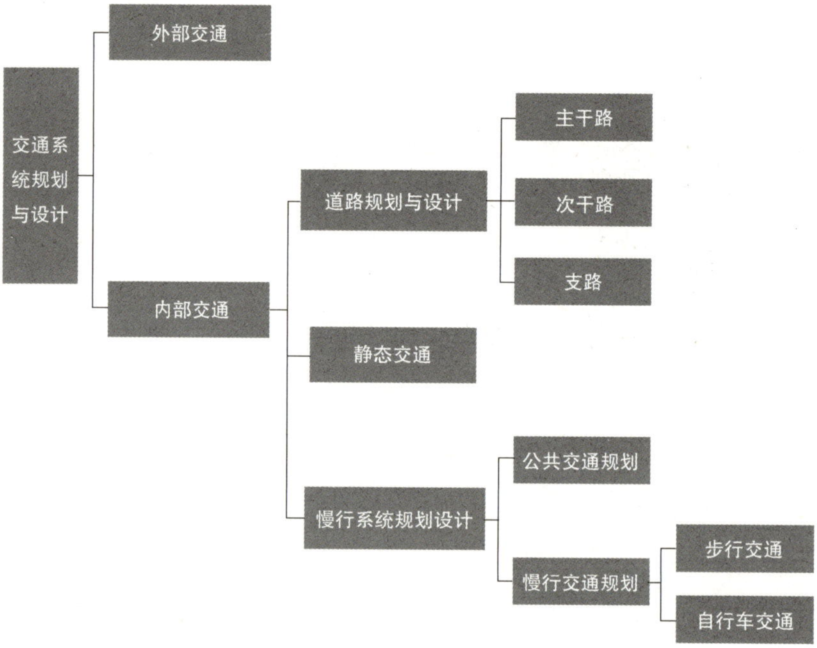

图 9–12　交通系统规划的具体内容

9.3.1　交通特征与交通需求预测

与传统城市的商业区或居住区不同，通航产业园区由工业生产区、科技研发区、商务办公区、商贸物流区、生活居住区、生活生产服务区几大功能组成，是一个综合的生产生活区域。特定的职业构成了其特殊的交通需求特性，其交通特征主要体现在以下几个方面。

9.3.1.1　交通联系特征分析

（1）与中心城的交通联系

通航产业园内部的机场服务于市域与区域，中心城区是其最主要的客流和货流来源。因此，是否具备与中心城区便捷、快速、大容量的交通联系是通航产业园未来发展的关键因素。

（2）与区域（周边省市）的交通联系

通航产业园内的机场不仅是城市的对外联系枢纽，还是服务于整个区域的重大基础设施，其与周边省市的交通联系以长距离出行为主。因此，需要规划建设通航产业园与周边省市的快速联系通道。

（3）通航产业园内部的交通联系

产业园内部组团之间的交通联系以中短距离出行为主，联系频繁，强调点到点的交通。交通方式以公共交通为主，多种交通方式并存，体现了绿色交通的概念。

9.3.1.2　交通需求特征

特定的职业构成了其特殊的交通需求特性，通航（航空）产业园区的交通出行主要包括客流和物流出行两大类。物流具体包括生产原料的运入、产品的输出、物流中转及一定的城市服务型物流。

客流可分为通航旅客客流以及非通航旅客客流。非通航旅客客流具体包括和航空相关产业、现代服务产业、配套产业的通勤出行，商务出行、居民通勤出行、生活出行。不同客流在出行特征和要求上区别较大（表9-5、图9-13），交通组织上应区别对待。

通航旅客与非通航旅客出行差异分析　　表9-5

	通航旅客	非通航旅客
出行要求	快速、直达、可靠性高	可达性高、可靠性要求相对较低
客流空间分布	仅集中于机场	不局限于航站楼，分布于机场与邻近各功能区
随行物品	行李	无特殊要求

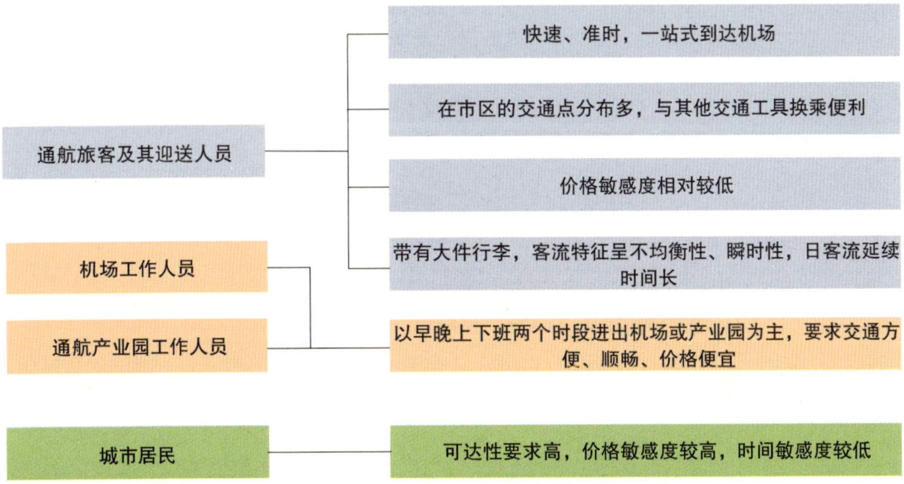

图9-13　通航产业园各类客流出行特征

通航旅客出行发生的时间与航班时间有很大的相关性，要求迅速、便捷的交通方式。通航产业园、机场工作人员和生活于园区内的居民的出行特征具有潮汐性。因此，在交通组织上，应首先满足通航旅客集散需求，保证他们直达航站区，实现多方式联运的无缝对接；而对于其他客流，则应根据交通发生点、吸引点布局等进行灵活处理。由于非通航旅客客流相对分散，根据非通航旅客出行的空间分布，应采用多点灵活分流的方式，将该部分交通流及时从快速路疏散至次级干道系统，减少与通航旅客客流之间的相互干扰。

9.3.1.3 交通量预测

对通航产业园的交通量预测主要也从客流和物流两个方面来考虑，参考广州花都汽车产业基地综合交通及物流发展规划中的方法，具体流程如图 9-14。

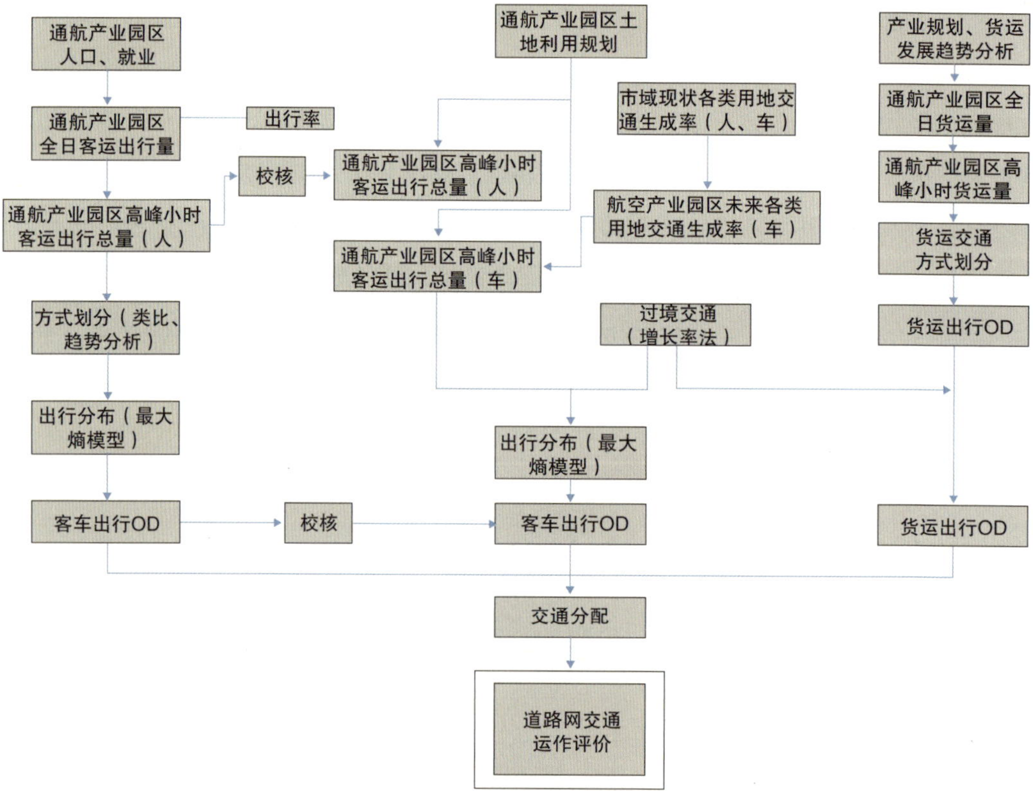

图 9–14 通航产业园区交通量预测流程

9.3.2 对外交通规划

通航产业园不但承担了一部分区域对外联系的功能，而且其城市职能的区域化还促进了对外交通的区域化。因此，不能再将其外围交通简单理解为组织城市对外联系的方式，而是必须从区域产业、城市功能发展的角度去诠释。

通航产业园的对外交通主要包括过境交通和产业园进出交通两部分，由城市出入口、轨道交通、交通站点、城市干道构成。根据前文对通航产业园交通特征的分析，高速公路、高速铁路和城际铁路等主要满足航空旅客来往各个方向的区域交通需求，城市干道和城市轨道等主要满足非航空旅客的交通需求。

9.3.2.1 过境交通

由于通航产业园在区域中占地规模较大，且位于市区与机场之间的交通繁忙地段，城市快速路和主要干道将会穿过地块，带来大量的过境交通需求。对于上层次规划中不能更改的机场高速路及城市主干道，应以此为依据划分功能区块组团，避免干道从组团内部穿过，减少内部组团直接对道路开口，必要时设置辅道，以减少大量的过境交通对通航产业园内部使用造成的干扰。对于部分穿过通航产业园的城市支路，可将其与园区内部道路的规划相结合，根据功能布局进行微调，以优化交通组织。

9.3.2.2 产业园进出交通

城市轨道交通及其站点的建设在方便园区与区域交通联系的同时也带来了大量的人流物流集散需求，建议通过轨道交通来整合周边道路网络、常规公交网络与步行系统，合理组织公共交通、公共空间、人行系统，创造高效率的交通接驳条件，高效输送和交换各种人流、物流、信息流（图 9-15）。

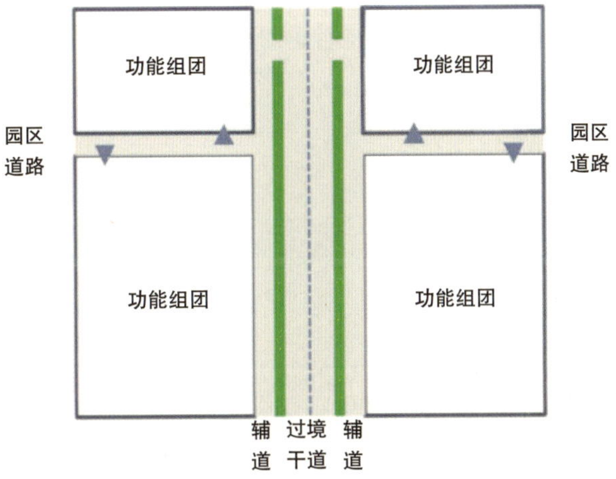

图 9–15 通航产业园各功能组团与过境城市道路间的关系

9.3.3 内部交通规划

通航产业园交通需求的特征决定了其交通模式应具有以下特点：①通航旅客的交通需求决定了其对外交通方式应有大运量交通方式；②通航产业园内的通勤交通要求快速、便捷；③生态、绿色的通航产业园要求其内部的交通方式也应具有友好性、低排放及污染小的特征。

9.3.3.1 道路系统

根据对上层次既有规划的分析，结合交通模型的预测结果，根据地形条件和用地功能的不同，注重与林地水系等自然要素的结合，采取适宜的路网格局模式。中心区与外围路网密度适当区分，路网格局结合地形。同时应注重不同标高道路之间的衔接，确保道路建设与地块开发的协调，道路系统的规划与各类用地的出行规律及交通需求相匹配。通航产业园的道路系统包括城市高速路（40 ~ 60m）、城市主干道（40 ~ 60m）、城市次干道（20 ~ 30m）、城市支路（10 ~ 20m）、园区道路（7 ~ 12m）五个等级。对不同等级的道路，将采取不同的道路界面与景观控制方法。

根据李群在《高科技园区交通特性和合理道路网密度》中对 20 个企业样本的分析及高峰小时交通量的测算，结合城市支路网间距经验及相关理论的研究，在理想模式下采取方格网的道路划分方式，工业区域合理的地块边长 400 ~ 500m，居住及公共服务区域的地块边长为 200m ~ 300m 为宜。在上层次规划中支路级以上的道路调整空间不大的情况下，可作为通航产业园区道路系统的划分依据。

荆门爱飞客镇基地范围内的道路路网主要遵循控规路网设计；其中主干路主要包括爱飞客大道和漳河大道；次干路、支路主要包括机场纬一路，创意纬二路，创意经二路等。遵循上位规划，基地内爱飞客大道和漳河大道两条主干道采用两块板的横断面形式，其他次干路和支路采用一块板的形式；各条道路之间均采用平交的方式连接。其道路断面图如图 9-16 所示。

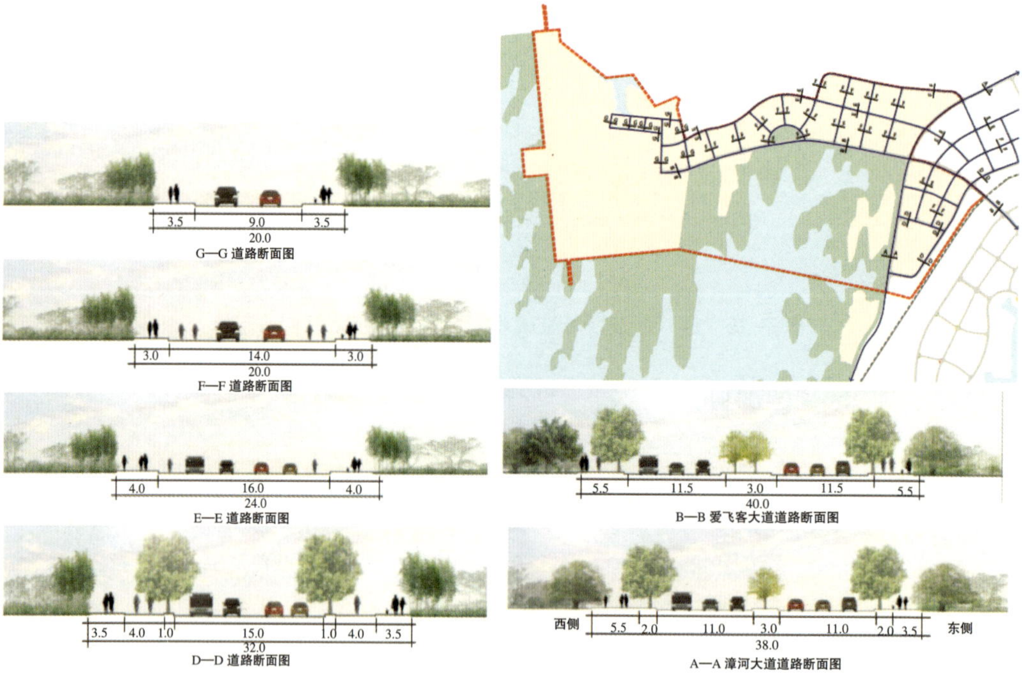

图 9-16　荆门爱飞客镇道路系统与断面图

9.3.3.2　静态交通

通过预测交通量，结合人流构成和出行方式的分析确定静态交通设施的规模。以荆门爱飞客镇的静态交通设施即停车场规模的预测为例，预测基地的最大人流量为航展时期人流量，约为 10 万人次 / 日，停车场面积推算如表 9-6 所示。

荆门爱飞客镇静态交通设施面积预测　　表9-6

	出行方式	选择人数（万人）	人数（人 / 辆）	所需车辆（辆）	单个停车位面积（m^2）	总停车位面积（m^2）
1	大巴	3	50	600	63	37800
2	小汽车	5	5	10000	20	200000
3	公共交通	2	—	—	—	—
需求小计						237800
规划预留停车场占地						254000

规划预留停车场占地面积为 25.4 公顷，符合远期航展停车需求。停车场分为公共停车场、临时停车场和内部停车场。公共停车场主要为外来游客和参加航展等大型活动的大量外来人口和车辆服务。内部停车场一般位于各功能区块内部，一般靠近功能区域主体建筑的入口，方便工作人员停车。临时停车场指在紧急情况下当现有停车场无法满足需求时提供紧急停车的区域。同时，考虑到航展的持续时间问题，大部分停车位要考虑非航展时期的综合利用；因此部分停车位结合广场、绿地、种植铺地等规划设计（图 9-17）。

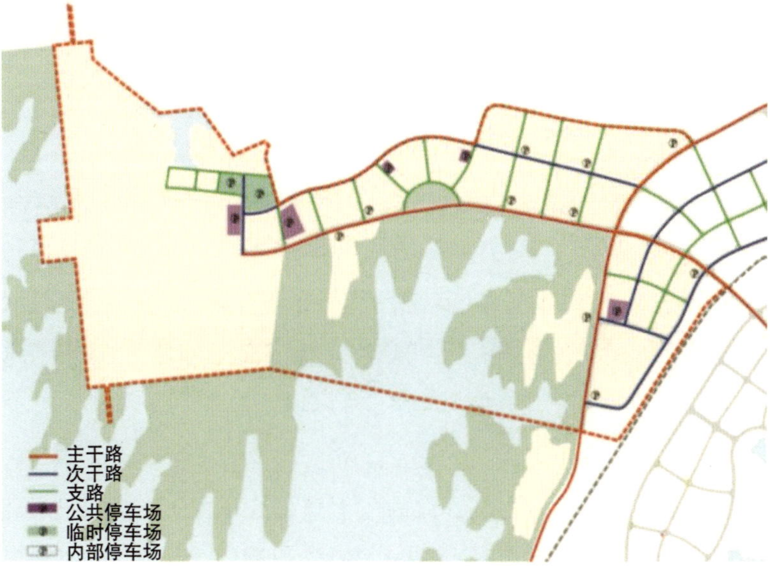

图 9-17　荆门爱飞客静态交通系统

9.3.3.3 慢行系统

在通航产业园区内应倡导以人文本、绿色低碳的慢行交通理念，结合道路绿化带、公共空间与景观节点规划慢行交通系统。在园区干道建筑后退的范围内设置林荫步行道及非机动车道，结合景观节点和公共空间的人车分流设计布置非机动车停放点，形成绿色慢行区域，以点—线—面结合的形式，打造贯穿通航产业园区的慢行交通系统。

荆门爱飞客镇规划的慢行交通系统是以公共交通的大范围覆盖为前提的。沿城市主干路、次干路设置公交线路，结合重要节点建筑设置公交站点，站点服务半径控制在500m以内；沿爱飞客大道结合防护绿地，设置单轨道观光轻轨交通，丰富交通类型，提高区域的可达性（图 9-18）。

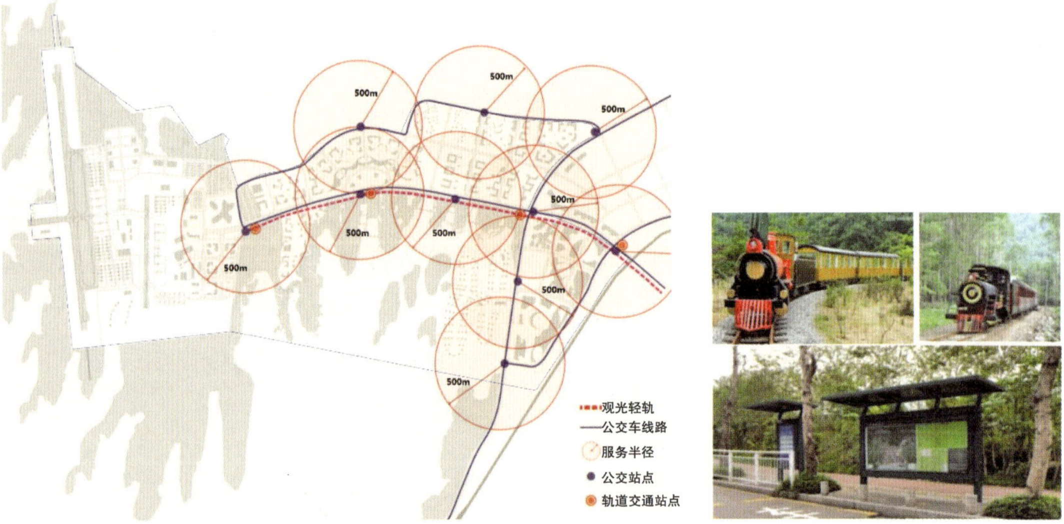

图 9-18 荆门爱飞客公共交通规划

此外，规划沿道路两侧防护绿地设置自行车道，同时利用漳河水库水景观资源，将优质自然环境向公众开放，建构完善的慢行步行体系，将步行与自行车路网结合，形成可接触的城市滨水运动体验场所。总体将商业空间、滨河景观、绿谷公园以慢行系统有机串连，形成多层次、复合、低碳的慢行交通网络。步行路线以滨水步行道、公园步行道为主，自行车路线以滨水自行车游览道、廊道自行车通行道为代表（图 9-19）。

以荆门爱飞客镇爱飞客大道为例，作为主干道，除了保证车辆的正常通行外，还兼顾慢行交通系统，将休闲步道和观光火车融入道路两侧的绿化隔离带中，丰富了道路界面和景观元素。其断面图如图 9-20 所示。

图 9–19　荆门爱飞客镇慢行交通系统

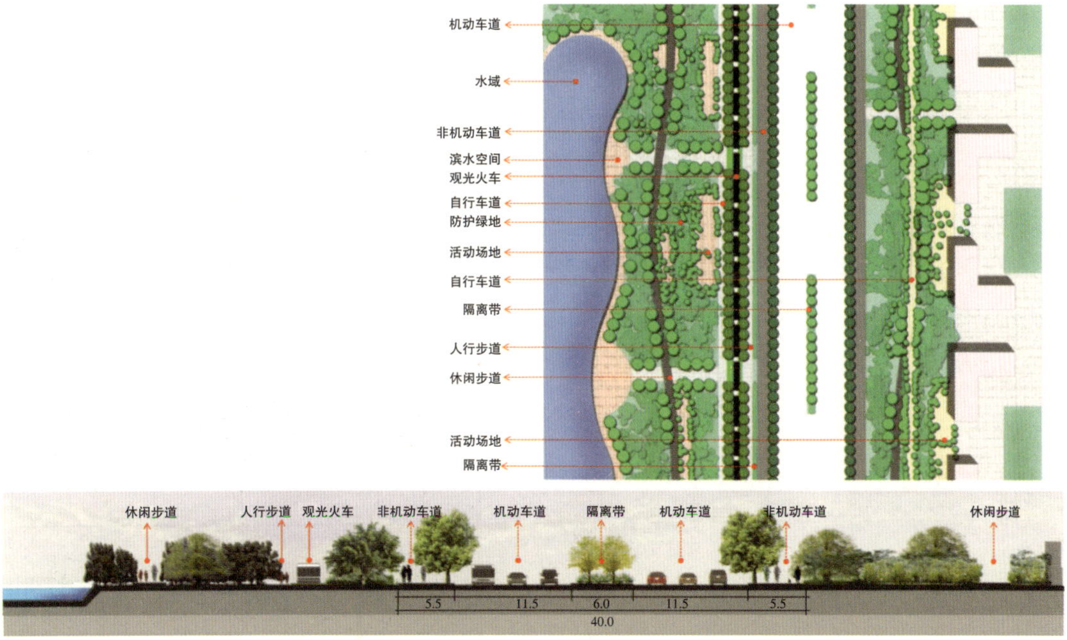

图 9–20　荆门爱飞客镇爱飞客大道道路界面与景观元素

9.4　景观与公共空间设计

景观系统是通航产业园区中各种自然景观元素组合形成的系统，是自然或人工规划景观元素的相互连接的空间形态，包括绿地系统，景观水体，人工景观设施等。公共空间指园区中就业人员与居民进行生活和社会活动的外部空间。

9.4.1 景观与公共空间系统

在通航产业园区的规划设计中，一般将景观绿地与公共空间相互结合设计，保护和利用基地所依托的自然山水环境，在原有自然景观的生态基底上，通过点、线、面组合，从而在整体上形成网络状结构。一系列不同主题的公共空间，与各个不同形态的景观绿地结合在一起，并由景观休憩功能确定空间开放度，提供有效的生态休闲绿地，构建公共生态景观系统。

9.4.1.1 景观与公共空间分级

通航产业园区的公共空间分为园区级公共空间、组团级公共空间、街坊绿地及街头绿地三个级别。

（1）园区级公共空间：针对整个通航产业园区的景观氛围塑造，一般位于园区的核心位置，根据需要布置景观设施、集中绿地、文化娱乐设施，集景观功能与公共服务功能为一体。设计中应最大限度提高开放空间的利用价值，打造承载多样化活动的绿地景观空间。

（2）组团级公共空间：位于各产业功能组团内部，着重营造宜人尺度的景观空间，结合各组团功能，设置不同的景观主题，特色鲜明，收放结合。

（3）街坊绿地及街头绿地：由组团内部的建筑相互围合而成的点状公共绿地。根据建筑布局特点、周边环境资源的不同，分为庭院式、滨水式、开放式的小园景观类型，为由室外环境向建筑内部过渡的半私密性景观空间。

园区级景观与组团级景观应相互渗透与融合，在整体上形成生态网络结构（图 9-21），使景观生态环境营造与公共活动的组织具有整体性与可持续性。

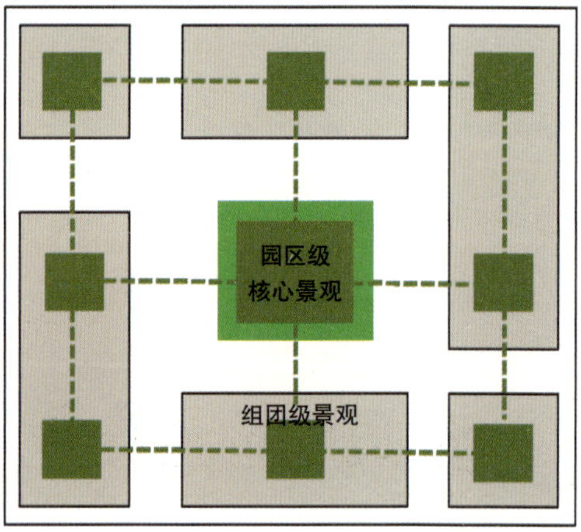

图 9-21 通航产业园景观与公共空间网络结构

9.4.1.2 公共空间分类

（1）点——园区广场、集中性绿地、湖面、道路交叉口等，在景观与公共空间系统中一般具有聚焦、核心、标志等意义，各重要的景观节点应形成视线通廊，园区级的标志性景观节点之间尽量互相呼应形成对景。

（2）线——带状绿地、园区道路、滨水绿廊等，结合线形的景观空间打造园区的景观轴线，串连起各景观节点，形成景观视廊。

荆门爱飞客镇的水库岸线即为线状公共空间。在规划其岸线公共空间时，为了保护漳河水库水源，同时为了将公共活动引导至开阔的滨水空间，激发滨水空间活力，分别设置了生态防护、公共活动岸线和商业开发岸线三种类型的滨水岸线（图 9-22）。生态防护岸线是指结合生态湿地公园规划设计的以生态防护为主要目的的滨水空间；公共活动岸线主要是指以公共活动为导向的滨水活动空间，结合不同的功能可分为不同的主题、类型，如结合滨河道路和滨河广场形成的以运动为主题的岸线空间；商业开发岸线主要指与商业开发结合的岸线空间，如结合飞行社区、酒店形成的岸线空间等。

图 9-22　荆门爱飞客镇岸线空间分类

（3）面——大面积的景观绿地、山体、滨河绿带、水面等，在通航产业园景观与公共空间系统中具有景观辐射和集聚的作用，景观构成的要素比较丰富，承载着多样化的活动。

9.4.1.3 景观绿地分类

通航产业园区内的景观绿地分为公园式绿地、组团庭院景观、生产型绿地、防护绿地、道路带状绿地、滨水绿化几种，景观的设计应与所在的空间环境、建筑相互协调呼应，人工景观与自然景观相互协调。各类型景观绿地的设计要点如下：

（1）公园式绿地：满足公园多样化生态性原则，结合地形特征，划分植物群落，发挥各类植物观赏价值。以大面积草坪为背景，高大乔木为主体的自然绿化配置形式，树丛、树群、片林搭配有序，结合观花类、观果类植物形成观赏节点，并设置清晰的绿化界面。

（2）组团庭院景观：符合人体尺度，保证充足的绿化种植面积，利用具有遮阴作用的中型乔木作为主要绿化树种，结合绿化设置小型的休憩、娱乐等设施。

（3）生产型绿地：位于通航企业相关组团内，主要用于分隔各厂房和其他功能用房，兼具景观及防护的功能，绿地构成简洁明了且具有吸烟滞尘等功能。

（4）防护绿地：由乔木、树篱、草坪组合形成绿化屏障，并采用吸尘、防尘性较强的植物。

（5）道路带状绿地：行道树、灌木、草坪相互结合。行道树一般采用高杆乔木，以免对视线造成遮挡，并注意留出开口方便人员出入，建议采用常绿性乔木。冠大荫浓，能够吸烟滞尘、涵养水源、固土防沙和美化环境。

（6）滨水绿化：使滨水界面到绿化界面的过渡具有景观连续性。考虑水体的生物群落功能与生态构建，结合不同的岸线功能选择不同的植物栽植方式。

荆门爱飞客镇漳河水库堤岸根据周边地块的设计功能以及驳岸处理的不同方式分为明堤和暗堤两种类型。明堤：结合道路和景观路，形成以硬质驳岸为主的堤岸模式。暗堤：在滨河绿地及湿地公园范围内，形成以自然软质驳岸为主的堤岸模式（图 9-23）。

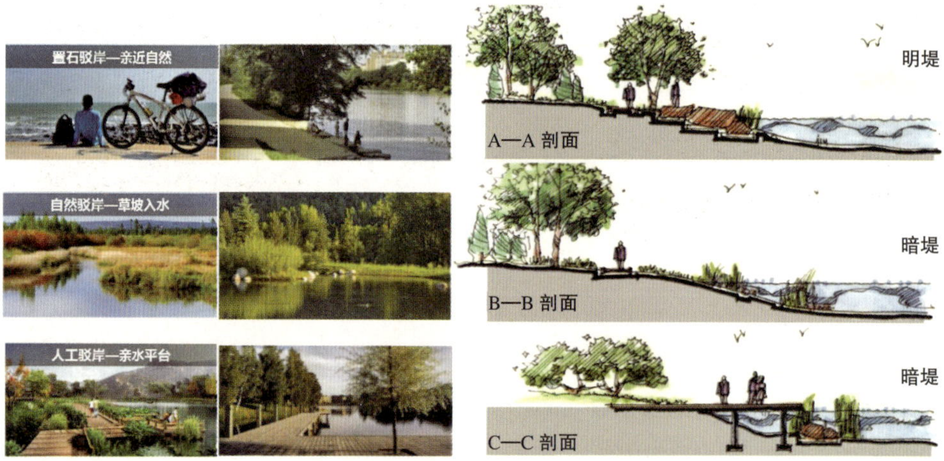

图 9–23　荆门爱飞客镇滨水景观设计

9.4.2　景观与公共空间设计要素

在通航产业园区生态绿地景观的设计中，应结合景观与公共空间的分级与分类，结合通航产业园区内不同景观类型的自身特点与周边功能，对自然景观要素与人文景观要素进行详细设计。应增强景观界面的质感，丰富景观公共空间的形象，对景观模式、环境行为、观景方式做模数化与艺术化处理。表 9-7 对场地、绿化、景观设施等做了引导性的规定。

景观控制要素表　　表9-7

序号	控制内容	控制要素	备注
1	景观设计空间布局	平面布局	平面图、功能标注、出入口
		构成要素	硬地、水域、道路、绿化、建筑
		规模	—
		功能分区	活动性、观赏性、防护性
		景观结构	核心、节点、视线通廊
2	景观界面	开敞度	—
		界面分段	绿化界面、人工界面、开敞界面
		界面高度	绿化植栽高度、路桥高度、建筑高度、设施高度
3	景观断面	高程	场地高差设计
		分段	分段功能
4	绿化设计	绿地率	—
		植物配置	乔木、灌木、草地、花槽
5	广场设计	硬地率	—
		广场分区	中心广场、区域广场、道路节点
		铺砖设计	材料、色彩、模数
6	景观设施	公共服务类设施	规模、数量、布局、服务半径
		休闲类设施	
		雕塑小品	
7	照明设计	照明分区	主题分区
		照明结构	点、线、面
		照明色彩	主色调、辅色调
		照明设施	路灯、景观灯柱、地灯、植物照明、设施照明
		亮度控制	道路、广场、设施、植物各类照明基准亮度

9.5 建筑形态

9.5.1 建筑布局

通航产业园不同功能用地有着对应的建筑布局模式，下文结合生产、办公、交通、景观营造的需求，对不同空间类型的建筑布局模式给出建议。在进行通航产业园的空间设计时，可根据实际建设需要，在此基础上变形和改良。

荆门爱飞客镇依据地势地貌、功能需求，采用不同的空间肌理（图 9-24）。

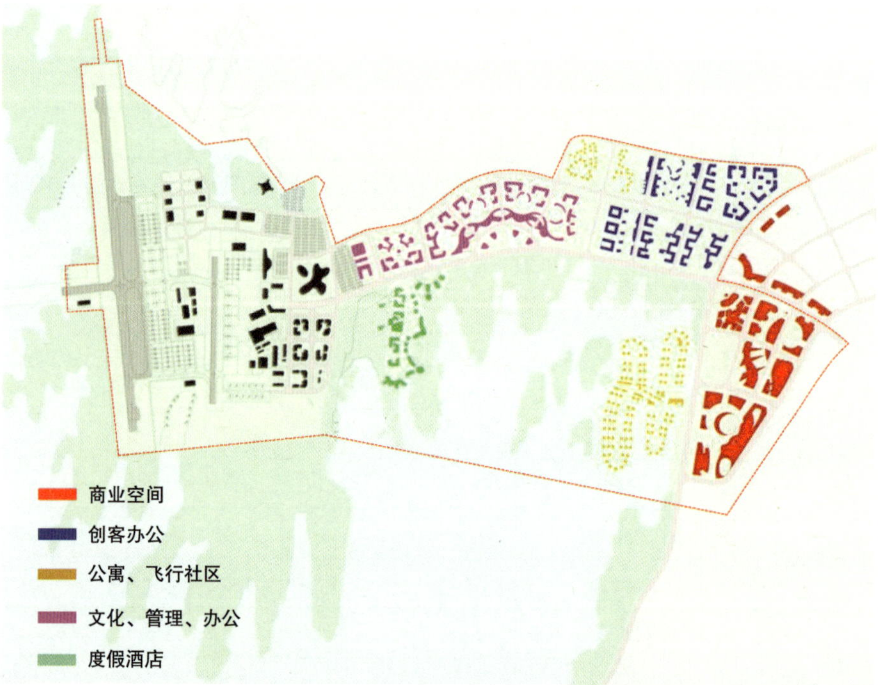

图 9–24 荆门爱飞客镇各功能建筑布局

9.5.1.1 物流工业建筑

通航产业园中的物流工业用房一般为中小型通用厂房的模式，建筑形态较为规整，以达到建筑空间使用率最大化，并适应特殊的生产和仓储需要。此类用地的建筑一般采用行列式的布局模式，以达到土地利用效率的最大化，方便交通组织。建筑密度较大，在行列式布局的基础上，可适当调整建筑布局，使建筑疏密结合，留出集中的景观绿地结合布置相关生产服务与基础设施，留出货物装卸和集散的广场，周边以防护绿带与周边功能区进行适当隔离，优化用地的景观生态环境（图 9-25）。

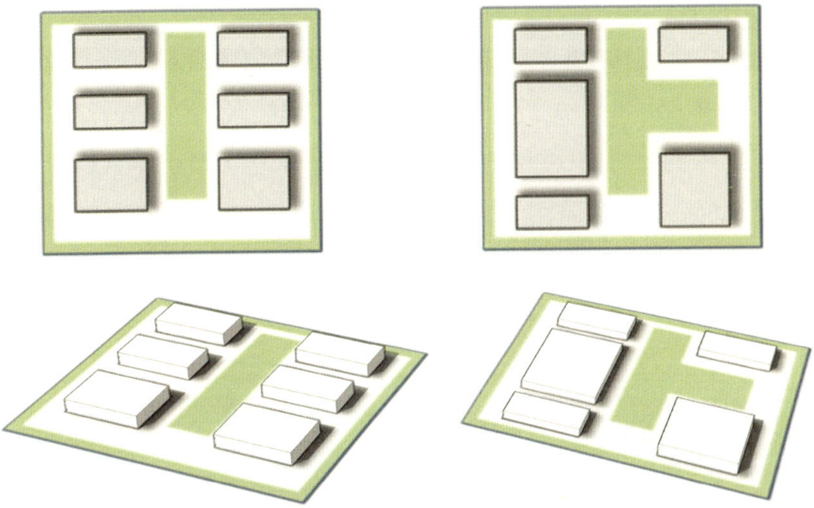

（a）行列式布局　　（b）行列式变形

图 9–25　物流工业类建筑布局模式

9.5.1.2　科技研发建筑

科技研发区域的建筑由研发主体建筑与附属设施构成，用地布局比较紧凑。科技研发建筑由于某些建筑功能的特殊要求，体量较小且多为多层建筑，以行列式、围合式的建筑布局为主，结合人车分流设计，应尽量采用外环路的交通组织方式（图 9-26）。

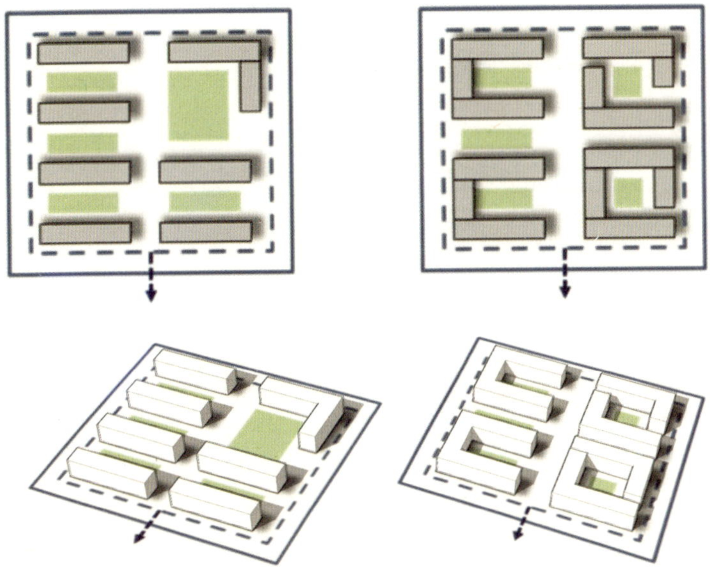

（a）行列式布局　　（b）围合式布局

图 9–26　科技研发类建筑布局模式

9.5.1.3 商务办公建筑

商务办公建筑由于建筑功能相对简单，建筑体量比较灵活，以中小体量为主，以点状、条块状的基本建筑模式相互组合，形成街坊式、庭院式、点式加行列式的建筑布局。结合人车分流设计尽量采用外环路的交通组织方式。某些大型企业总部与大体量的商务办公楼结合自身有特色的建筑设计，建筑单体独立占地并结合户外集散广场及景观园林，形成具有标志性的商务办公空间（图 9-27）。

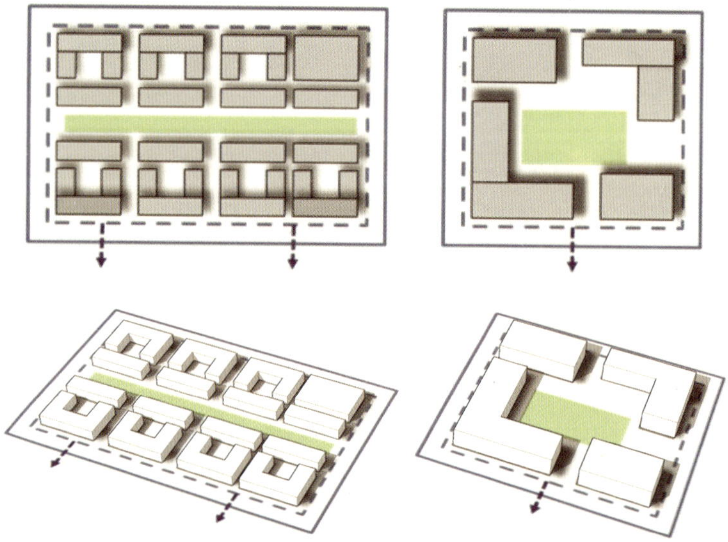

（a）街坊式布局　（b）庭院式布局

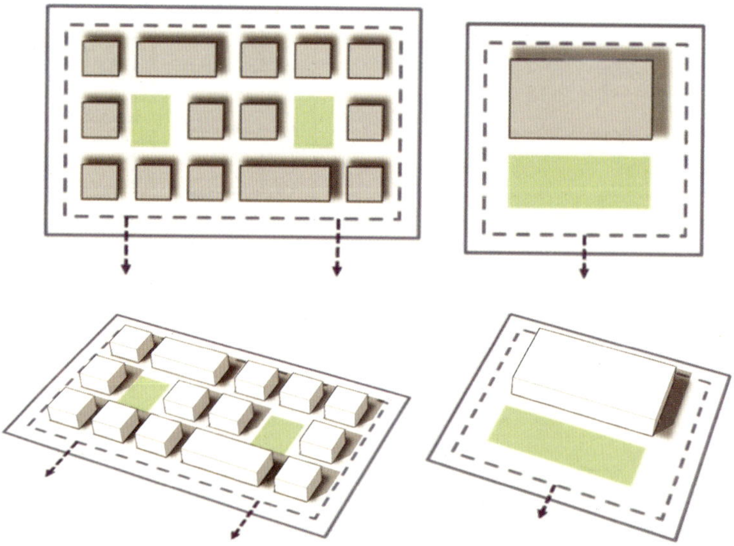

（c）点式加行列式布局　（d）大体量布局

图 9-27　商务办公类建筑布局模式

9.5.1.4　公共服务建筑

公共服务区域的建筑形态和布局都比较灵活，分为街区式的建筑群体组合与单体式的建筑布局两种，主要考虑人员集散、交通组织、景观营造等，结合具有特色的建筑设计，成为通航产业园内承载人员多样化活动的场所和展示形象的空间（图 9-28）。

9.5.1.5　居住建筑

由于航空限高和机场周边开发强度的限制，通航产业园内的居住区以多层以及小高层建筑为主，参考相关居住区设计，分为行列式布局、围合式布局和点式加行列式布局（图 9-29）。

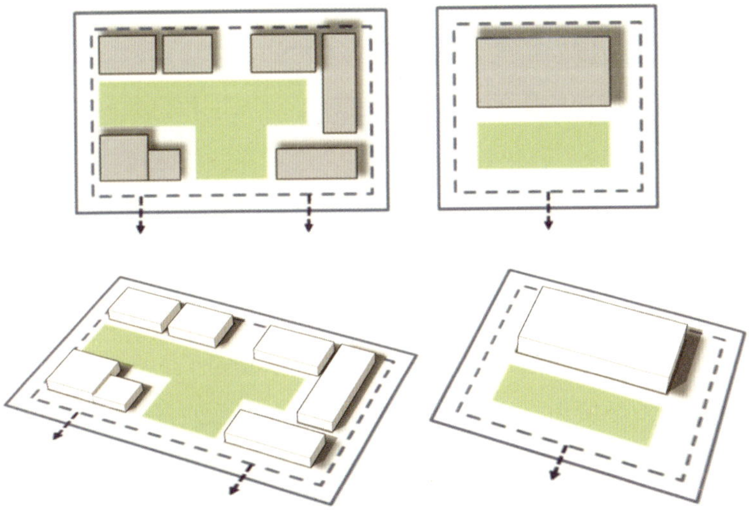

（a）建筑群体组合布局　　（b）大体量单体布局

图 9–28　公共服务类建筑布局模式

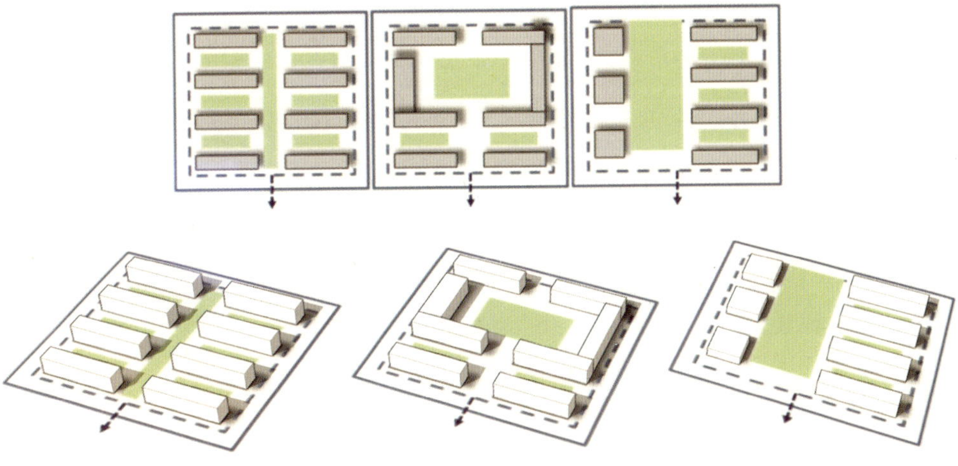

（a）行列式布局　　（b）围合式布局　　（c）点式加行列式布局

图 9–29　居住类建筑布局模式

9.5.2 建筑高度

在综合考虑项目位置、自然景观、城市美学、建筑功能等因素基础上确定通航产业园内的高度分区和高度限制。通航产业园的高度分区主要考虑以下几个方面：

9.5.2.1 航空限高

航空限高是指能够允许飞机飞行的最小高度。某地块的航空限高依据该地块相对属地机场的位置来确定，但地块内的建筑高度除不能突破航空限高外，还具体涉及机场端净空、侧净空等方面，需要根据相关规范来确定。

9.5.2.2 建筑功能

结合功能控制建筑高度需综合考虑用地性质和开发强度的控制要求。工业、仓储用地由于生产性质和建筑体量的限制，建筑高度较低。居住和公共服务类用地开发强度相对较高，为了营造更多的公共空间与集中绿地，通常在开发强度确定的情况下，结合建造成本、日照与航空限高的考虑，适当增高建筑高度以降低建筑密度，为地面景观环境塑造留出更多空间。

9.5.2.3 景观共享

在通航产业园区内部及周边一般存在着一些自然或人工的重要山水景观资源。一般来说，靠近景观资源的区域由于良好的环境渗透，土地价值普遍较高。但为了保证景观共享，使城市空间形态塑造同景观资源保护相结合，需要对资源周边的建筑高度予以特殊控制。

以景观资源为核心，形成建筑高度向外围依次升高的建筑圈层，并留出核心景观的视线通廊，保证景观资源的有效利用。一般来说在控制中应根据景观资源的定位以及视觉感知的原理，在景观资源周边划定控制圈层的范围，建筑高度以景观资源为聚点逐渐降低，并把圈层范围与之前确定的高度分区进行重叠，对其进行修正（图 9-30）。

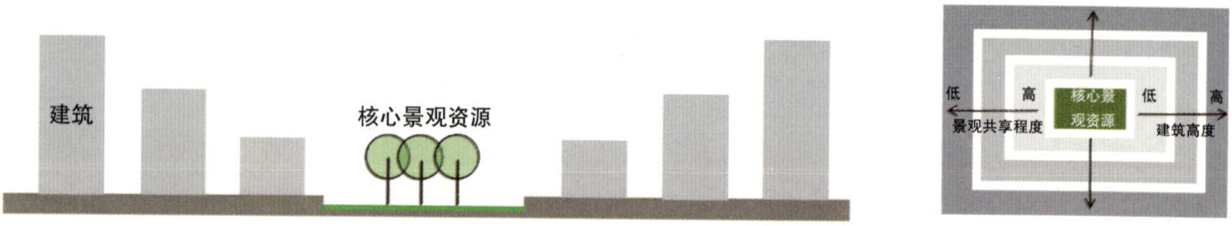

图 9–30　景观共享与建筑高度控制间的关系

9.5.2.4 天际轮廓形象

通航产业园区位于城市的门户位置，是飞机降落机场时处于人视线范围内的区域，同时紧邻机场高速、立体交叉口等展示城市形象的位置，建立起整体的天际轮廓线形象对通航产业园空间形象认知有重要的意义。

由于航空限高和工业及仓储物流区建筑形态的限制，通航产业园区的天际轮廓线整体走势较为平缓。可将现代服务产业功能布置在航空限高较为宽松的片区，结合商务办公、酒店建筑适当提高建筑高度，打破平缓的高度节奏，形成层次丰富的天际轮廓线。

荆门爱飞客镇位于风景区以内，开发高度、开发量受到限制，所以，主要通过提高节点处标志建筑和景观塔的高度，如航管楼和文化管理中心等高度，丰富天际线，而在滨水区域控制建筑高度，形成自然过渡的建筑轮廓变化（图 9-31）。

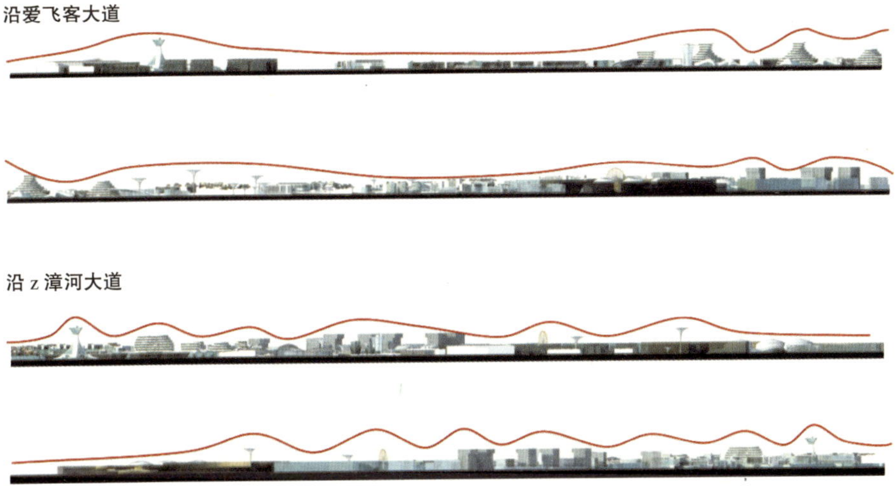

图 9–31　荆门爱飞客镇主要道路沿线天际轮廓线

9.5.3　建筑形体

建筑形体属于引导性内容，与建筑密度、建筑限高等指标相比，难以用定量的语言去界定和描述，但仍是中观层面十分重要的部分，可通过基本模式的示意及布局方式的建议，引导空间形态的形成。结合上文中提到的通航产业园区空间布局的类型分析和各类建筑的特点，参考《上海虹桥临空经济园区一体化规划》中对建筑形体的分类控制，对通航产业园建筑形体进行分类，通过对建筑形体类型的选择及组合方式来进行建筑形体的控制。

如《上海虹桥临空经济园区一体化规划》中建筑类型的引导说明："办公建筑建议大、中、小型办公建筑相互结合，建议公共绿地布局小型办公建筑，沿协和路布局大型商务办公建筑。"通过这样的建筑类型引导，使得上海临空经济园区形成了有序和整体的建筑空间形象，界面形象和绿地景观环境得到有效塑造（表 9-8）。

上海临空经济园区建筑形体分类示意　　表9–8

功能	办公科研			文化商业			厂房与仓储	
类型	商务办公建筑			商业建筑			厂房与仓储库房	
	小型	中型	大型	小型	中型	大型	小型	中型
标准层面积（m^2）	400 ~ 1000	1000 ~ 1500	1500 ~ 2000	—	—	—	—	—
进深（m）	20	20 ~ 40	40 ~ 60	15 ~ 20	20 ~ 30	—	30 ~ 50	50 ~ 80
形态示意								

9.5.4 建筑风格

建筑风格是体现通航产业园区形象的重要因素。对建筑风格的引导与控制由于缺少制约个体建筑的参照物，难以用定量的设计语言界定，可根据宏观层面中的功能与风貌分区，进行分片区、分类型的建筑风格引导。

建筑风格的引导一方面允许建筑单体的多样化，另一方面要保证通航产业园区的整体协调。在建筑风格设计指引中，既要注意展示城市门户形象，体现航空企业特色和先进建筑设计理念，又要注意在整体建筑风格基调统一的框架下体现各个功能风貌分区的特点。

荆门爱飞客镇以兼容并蓄的方式，结合建筑功能特征，融汇不同的建筑理念与传统的本土文化，形成别具一格的融合式建筑风貌特色。

居住、度假休闲建筑沿袭中国传统居住建筑特点，融入现代建筑元素和滨水建筑的特色，形成现代新中式的建筑风格，自然、统一（图 9-32）。

公共服务、商务办公建筑采用简洁的肌理和线条，使得建筑看上去更加简约、大气，空间更加开阔、明快和清新（图 9-33）。

图 9-32 荆门爱飞客镇居住、度假休闲建筑风格表现

图 9-33 荆门爱飞客镇公共服务、商务办公建筑风格表现

第 10 章 管理运营

当前，国内通航产业园的运营管理模式较为简单，多数还停留在维持正常运转的阶段，并没有结合通航产业园区的实际情况以及园区发展现状进行创新，导致园区运营效率普遍较低，也不能为园内企业提供其所需的增值服务。运营管理模式的落后制约了我国通航产业园区的发展，也不利于园区孵化器效应的发挥。本章试图建立通航产业园产学研协同管理的创新模式，以求推动我国通航产业园区的可持续发展。

10.1 运营原则

我国通航产业园尚处于发展阶段，管理模式大多属于政府主导下的单一制管理。为了更好地引导和促进通航产业园区的发展和管理，在现有管理体制下，还需要注意以下原则：

（1）市场化运作原则

不同发展阶段适用不同发展模式，产业园的管理体制并无统一的模式。管理体制的选择，应该结合当地经济情况、发展环境，更重要的是通航产业园发展所处的阶段去选择。对于初创的通航产业园，需要大量的资源及调动资源的能力，因而适用政府占主导的管理模式。目前，我国大部分通航产业园正处于发展阶段，其发展离不开政府的扶持和协调。但政府的职能不转变，产业园就无法真正独立发展。政府主导应逐步过渡到混合管理模式，并最终建立起现代企业化运作模式，减少政府行政干预，遵循市场型运作原则，形成政府引导、市场主导、政府服务而不干预、支持而不干涉的运作体系。

（2）产学研政企相结合原则

对于我国通航产业园来说，政府主导型向混合管理型的过渡除了加强市场化运作外，还需要产学研政企相结合。经济建设必须依靠科技进步，科技进步需要教育先行。通航产业园的建设与管理需要打破单一的政府主导体制，建立起政府、大学和科研机构、企业共同驱动的机制。政府为园区的发展制定和完善相关法律，提供相关优惠政策。大学应改变以往学生为文凭、职工为职称、政府拨资金的科研模式，而应根据企业需求、市场需求培养应用型人才，进行应用型研究。企业应加强与大学及科研机构的合作开发，加大科技投入，提高创新能力。

（3）网络创新原则

创新网络是在特定空间环境下，行为者基于创新活动建立起来的关系网络。通航产业园区内，创新网络主体包括政府、大学、企业、科研机构、中介服务机构及其他利益相关者，是技术网络（如科研机构）、社会网络（如中介服务机构）及交易网络（如交易性组织）的集成。产业园形成和发展的过程，就是一个网络组织形成和发展的过程。我国绝大部分产业园对网络创新认识不足，基本上只做企业入园服务，入园后就万事大吉，各企业各自为战，而难以形成关系网络，更难以形成创新能力的协同效应。通航产业园的持续发展，要求园区注重创新网络的搭建，只有区域创新能力提升，园内企业才能长久生存。

（4）人才激励原则

通航产业园区源源不断的创新与活力来源于人，产业园的良性发展与有序管理依赖于人才的培养与管理。人才潜力的激发是人才培养与管理的重要方面，是产业园人力资源管理的重要内容。通航产业园在人才管理中，对于管理人员和技术创新人员，应采取相适应的激励方式，创新和改革出适用园区发展的人才激励制度。除了工资、奖金，还可采取股权、期权等形式给予奖励。建立科研成果转化后的利益分配机制，以培养和挖掘出具有管理经验、运作能力的优秀管理人才和具有创新精神的技术创新人才。

（5）协同原则

对于所有权与经营权相分离的现代企业来说，没有先进的技术，没有好的经营模式，没有科学的管理方法，会让技术的创新成为泡影。对于资本投入者而言，过大的风险也会使其望而却步。因此，加强资源要素的协同，实现技术、资本、管理的无缝对接，是通航产业园保持创新活力的源泉和保证。此外，通航产业园的管理应以法制为基础，但其发展不能仅仅依靠法律。科技成果的转化，与产业园的文化氛围有着直接的关系。通航产业园不是资本、技术、知识的简单相加，而是创新文化下的融合与转化。培养和形成协同的创新文化是我国通航产业园的灵魂和长久生存的源泉，有活力的创新文化决定了园区对企业与人才的吸引力。

10.2　运营机制

通航产业园能迅速发展的重要因素之一就是宏观层面上政府的大力支持，尤其是处在初期的通航产业园，政府的扶助必不可少。但长期以来，在产业园建设和发展中，政府功能定位不明确，政府的职能应逐步由主导向宏观协调转变。为适应通航产业园发展需要，政府部门除了提供税收优惠、保护知识产权等扶持外，产业园良好的发展环境还需要园区自身及相关服务机构的共同努力，通过构建市场运作体系，形成多层次的服务平台，为产业园的人才培养和融资渠道的拓展提供更顺畅的道路。作为产业园的主体之一，企业也必须增加自主创新能力，形成属于自己的核心竞争力。只有政府、大学、科研机构、金融机构、高科技企业等相互合作，形成“产、学、研、政、企、金”合作互惠平台，才是产业园长远发展之道。

10.2.1 主要特征

协同创新在近年来得到世界各国的普遍重视，并逐渐向跨区域化、国际化和网络化方向发展，已成为当今世界科技创新活动的新趋势，以及整合创新资源、提高创新效率的有效途径。其主要特征有以下几点：

（1）产学研协同创新需要在产、学、研、政、企、金等相关主体协同下完成。区别于其他形式的跨组织协同创新，首先，协同创新已经上升到国家战略层面；其次，协同创新的主体构成与其他形式有所区别，一般必须至少包括企业、大学、科研院所等机构；最后，这种创新活动是在产、学、研、政、企、金协同下完成的，其核心是产学研三方合作进行技术开发，政府通过法规、政策进行引导和鼓励，科技服务中介机构提供相关信息服务，金融机构提供资金支持，共同完成技术开发和技术创新活动。

（2）产学研协同创新过程必然伴随着知识的流动，即产学研协同创新过程是一个知识流动的过程。首先，由于知识存量存在势差，比如大学与科研院所比企业拥有更多的专门性科研人才，随着协同创新工作的展开，知识可从研究机构流向企业。其次，由于知识属性的差别，比如企业拥有生产和经营管理知识，而大学与科研院所拥有科学技术知识，通过产学研合作，不同属性的知识可以形成互动，共同促进协同创新活动的展开。最后，如果产学研协同创新将技术研发成果转让给第三方企业进行开发，知识流从产学研组织流向外部企业。产学研主体各自在创新系统中的功能决定了产学研之间的协同创新可以实现知识流动。国家创新体系的关键目标或核心内容就是加速知识在内部的循环流转，从而形成优势互补、风险共担、互利共赢的协同创新局面。

（3）产学研协同创新是为了实现重大科技创新而开展的大跨度整合的创新组织模式。当前，新一轮科技革命正在兴起，新兴技术、新兴产业正在成为引领未来发展的重要力量，科学研究、技术创新、产业一体化发展趋势更加明显。产学研协同创新作为一种更为复杂的多元主体协同互动的网络创新模式，其特点是通过知识创造主体和技术创新主体间的深入合作和资源整合，产生系统叠加的非线性效用，因此更能应对大科学和技术会聚的挑战，加速技术推广应用和产业化，协作开展产业技术创新和科技成果产业化活动，从而更能实现重大科技创新。

（4）产学研协同创新是战略、组织、资源、行为等全方位的协同与整合，是知识创新、技术创新、体制创新的结合与互动。协同创新涉及战略、组织、资源、行为的全面整合，系统协同度是衡量整合绩效的决策关键。产学研多方主体价值观差异及不同利益诉求以及战略目标制定与实施之间的协同，产学研协同创新网络组织的结构协同和过程协同之间的匹配度，高校科研院所的研究成果与企业技术需求之间的匹配度，系统内知识、技术、信息等资源之间的交互行为都将影响协同创新系统整体的协同度。此外，系统协同度也与创新主体改变行为的程度和频率有关，包括战略信息的交换，组织结构与资源的升级，各方同步行动的协调与控制。这些知识交流与技术创新行为需要良好的体制环境作为保障，体制创新是驱动所有创新行为协同的制度保证。

10.2.2 动力机制

通航产业园产学研协同创新动力机制一般是指通过优势互补、资源共享、政策推进、利益驱动等因素，激励高校、科研院所、企业、政府部门、中介机构达成协同创新合作意愿，提高合作创新兴趣，巩固协同创新的有关制度和政策方针。将通航产业园产学研协同创新比作一个系统，则系统的正常运作，需要持续、稳定以及强大的源动力。系统得以正常运作的动力一方面来自系统内部各个成员的相互作用产生的内部动力，另一方面来自系统与外部条件相互作用产生的外在动力。政府部门、企业、高校、科研院所以及中介机构等相互作用的内部动力以及与外部的市场竞争、政策方针环境作用产生的外在动力，共同形成了通航产业园产学研协同创新的动力机制。通航产业园产学研协同创新动力机制模型如图 10-1 所示。

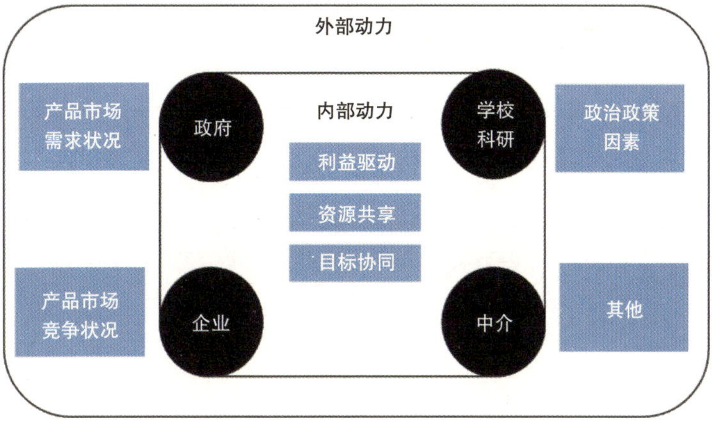

图 10-1 通航产业园产学研动力机制模型

10.2.2.1 外部动力分析

（1）产品市场的需求情况

通航产业园产学研协同创新的主要产品包括：飞机整机制造、精密仪器、客舱设备、复合新材料、地面设备等。产品的市场需求状况是企业自主创新的主要出发点，也是产学研协同创新的主要动力。市场环境瞬息万变，尤其是航空类产品，受到国家宏观政策方针影响比较大。产学研协同创新创造新产品满足市场需求是其不断发展与进步的不竭动力，通航类产品的市场需求状况对通航产业园产学研协同创新的拉动是指创新的动力来自于市场自身、客户的需求以及国家宏观政策的调整，协同创新中心为此创新新技术、研发新工艺、推出新产品来满足市场的需求。

（2）产品市场竞争状况

企业存在于市场中，就必然面临竞争的压力，竞争是市场经济基本属性。在竞争中所形成的优胜劣汰的准则，迫使企业不断地创新、开发新产品才能够在激烈的市场竞争中存活下来。目前全国各地都在兴建通航产业园，通航类产品的竞争激烈程度可想而知。所以在通航产业园产业定位时，必须对周边或其他产业园定位进行分析，采用错位发展的原则，赢得市场份额。同时由于单个个体在市场中所具备的资源数量有限，为了能够在竞争中存活，必须选择协同创新的模式，与高校、科研院所以及其他涉航企业合作，优势互补、资源共享；此外航空类研发创新所带来的风险是巨大的，协同创新能够很好地转移风险，实现风险最小化。

（3）政治政策因素

政府部门可以通过相关的政策体系、法律体系来推动各阶层的协同创新，尤其是针对通航产业，政府在其中发挥着重要的作用。政府对通航产业园产学研协同创新的影响方式不同于市场，其主要表现在：第一，政府能为通航产业园产学研协同创新提供良好的政策环境。随着我国低空空域的逐步开放，通航产业将会实现跨越式发展。第二，政府能为通航产业园产学研协同创新培养创新人才，提供智力支持。一方面通过鼓励航空类院校的建设，可以大规模培养航空类专业人才；另一方面通过国家财政拨款，增加科研基金，培养一批优秀的科技研发人才。第三，政府能为产学研协同创新的发展提供资金支持。良好的国家政治环境是通航产业园产学研协同创新快速平稳发展的关键，政府在产学研协同创新中扮演着重要的角色，可以通过各种方式推动产学研协同创新的发展与成熟。

10.2.2.2 内部动力分析

（1）利益驱动

通航产业园产—学—研—政—企协同创新中各成员的利益目标并不完全一致。企业通过与高校、科研院所、政府以及中介机构的合作除了获取高额的利润之外，还希望可以树立企业良好的品牌形象，得到技术发展的最前沿信息，吸引优秀的人才等；高校、科研院所在获取利益的同时，能够提升自己的科研能力，创造一个良好的人才培养环境；政府则可以额外提高地方的经济发展水平，推动地方产业转型升级。由此可见，通航产业园产学研协同创新在各成员之间没有产生不可协调的矛盾的情况下，各成员为了获取最大利益可能会牺牲一部分利益，从而为了整体的共同利益，不断推动产学研协同创新的发展。

（2）目标协同

通航产业园产学研协同创新中各实体都以实现自己的目标为出发点，企业一方希望获取高额利润，提升自己的创新能力；高校与科研院所则希望在获取利润之余，提升本身科研实力；政府部门则希望提升整个区域的经济水平。但是由于各成员之间都有着各自的优势和劣势，企业一方拥有资金，高校与科研院所拥有技术，政府则可以提供政策上的支持，所以在这种情况下，必将导致各方会利用自身优势资源进行互补，从而达到协同的效果。

综上所述，在通航产业园产学研协同创新组建过程中，外部动力包括政府政策因素的影响以及整个航空市场的带动。一方面由于我国出台相关政策，低空空域逐步开放，同时发展航空产业是增强我国国防实力，提高综合国力的必然选择；另一方面，大飞机项目的上马进一步带动了市场需求，各地通航产业园纷纷争做大飞机的配套商，成为了促成通航产业园产学研协同创新的外在动力。通航产业园产学研协同创新是由政府主导的产学研协同创新模式，除了以上所介绍的内在动力，即利益驱动、目标协同之外，政府在其中的统领指挥作用也不可忽视，政府这一特殊的部门可以出台相关政策、制度推动通航产业园产学研协同创新的组建。

10.2.3 结构模型

通航产业是一种典型的新兴高新技术产业，产业所拥有的关键技术、关键产品往往开发难度很大，需要投入较大的人力物力，但只要研发成功并成功推向市场，它也有着高于一般产业的经济效益和社会效益。为有效保障我国航空产业持续、高效的发展，建立我国航空产业发展优势，带动相关产业转型与升级，亟须整合产业内企业、高校与科研院所间的资源，强化产学研协同创新关系，明确内部成员共同承担关键技术的研究与开发制度，从而能够有效推动科技成果的产业转化。在这种背景下通航产业园产学研协同创新的新兴运作模式应运而生，通过分析各成员的贡献、投入以及各自的作用，构建产学研协同创新运行结构模型（图 10-2）。

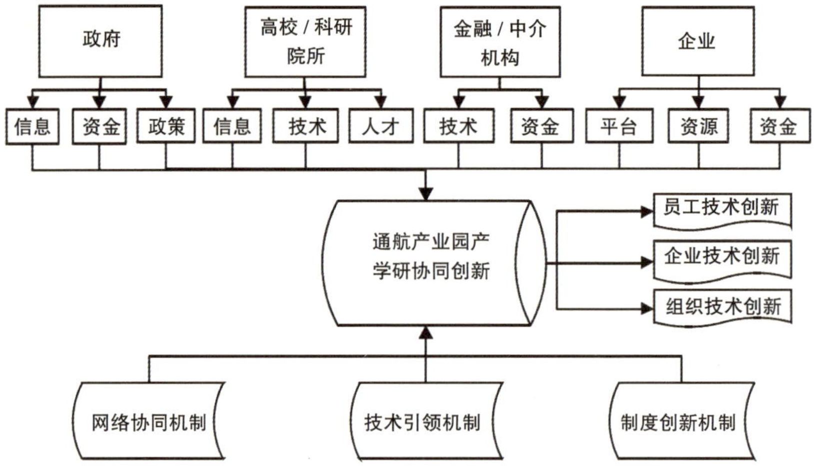

图 10-2　通航产业园产学研协同创新结构模型

通航产业园产—学—研—政—企协同创新的主要成员包括政府部门、企业、高校、科研院所、各类中介机构等。在航空产业园中各成员发挥着不同的作用，充当着不同的角色，以此来确保协同创新的正常运行。其中，政府部门主要承担服务与支持的作用，为通航产业园产学研协同创新提供所必需的基础设施、政策以及金融服务；高校与科研院所作为创新的核心力量，在协同创新中主要贡献科研实力，同时承担对资源优化与整合以及人才培养的职责；企业则为通航产业园产学研协同创新提供专业化的运作平台、必要的人力、财力与物力；中介机构作为企业、高校与科研院所的补充，为产学研协同创新的高速发展提供必要的智力支撑与资金支持。

10.2.4　各实体作用（表 10-1）

通航产业园产学研协同创新各实体作用　　表10-1

实体名称	主要功能作用
政府部门	1 完善基础设施建设与服务 2 提供政策层面的支持 3 拓宽招商引资渠道 4 树立、加强产业品牌
高校 / 科研院所	1 资源整合与优化 2 人才培养与交流 3 产品技术研发与改进 4 研发成果的转化
企业	1 专业化平台的打造 2 人力、物力、财力的收入 3 构建企业间的战略联盟
金融 / 中介机构	1 产品孵化 2 研发资金的筹集

10.2.4.1　政府部门

（1）引导作用

城市的发展需要制定科学、长期的规划和政策进行引导，通航产业也是如此。所以地方政府部门需要依靠相关国家宏观政策，正确引导航空产业的发展。

首先，政府部门应该完善通航产业园产学研协同创新的发展规划。由于通航产业投入大，周期长，单个企业与高校、科研院所不可能也不愿意在航空产业上进行技术创新，因此必须由政府出面，制定出符合地方特色的中长期通航产业发展规划，确保高校、科研院所的技术创新方向以及企业的投资方向符合通航产业以及地方发展的需要，不断出台对通航产业发展利好的政策与方针，鼓励涉航企业与高校展开合作。

其次，政府部门要健全通航产业园产学研协同创新的发展政策。目前我国各地关于航空产业发展的政策与制度还不完善，结合地方通航产业发展的具体问题以及国家的宏观政策，建立健全通航产业园产学研协同创新的政策与制度势在必行。

最后，政府部门应该明确通航产业园产学研协同创新各成员的角色与地位。科学合理的定位，能够促使合作各方在政府的引导下自觉、主动、积极的展开合作，有效避免了合作过程中的目标不明确和资源浪费的现象。

（2）整合作用

通航产业园产学研协同创新的正常运行需要政府、企业、高校、科研院所以及中介机构等各司其职。虽然企业、高校、中介机构在市场、人才等方面拥有着各自的优势，但是这些优势分散，得不到合理的优化与配置，不利于长久的发展。政府部门可以通过整合各方资源，搭建人力资源、信息、物流等各种服务型支持平台来优化资源配置，完善基础设施建设与服务。支持平台能为企业的发展提供保障和支持。服务支持平台包含信息服务平台、人力资源服务平台、物流平台和综合服务平台四大平台。其中，信息服务平台、人力资源平台、物流平台是引擎润滑剂。信息服务平台提供了专业的通航产业资讯服务，是政府部门、涉航企业、高校与科研院所间信息传递的神经网络；人力资源服务平台为企业创造学习环境，输送合适的人才；物流平台提供专业化物流服务，是生产与市场的物理连接线；综合服务平台则为产业园的正常和健康运行提供综合的服务与保障。

（3）协调作用

通航产业园产学研不同主体在经济、资源上都具有独立性，再加上市场条件复杂多变，各成员本身的自我协调很难做到尽善尽美。因此，政府必须带头设立适当的组织管理机构，协调各实体之间的利益与监督关系，确保合作创新的健康稳定发展。

第一，政府需要健全利益分配制度。利益是各实体之间展开合作创新的根本出发点，利益问题解决不好，合作就不能持续高效地推进。政府部门要通过建立合理的利益分配机制来协调解决合作过程中的利益分配问题，坚持利益共享、风险共担的原则，公平、公正、科学合理地进行利益分配。

第二，政府部门应完善监督机制。虽然有良好的利益分配机制作为约束，但是在技术创新合作的构成中，各成员之间仍然避免不了摩擦与冲突。此时，政府能否发挥好监督的职能，能否建立科学合理的监督机制是通航产业园产学研协同创新能否正常运营下去的重要因素。

（4）服务作用

政府的服务功能主要体现在创造良好的产学研协同创新环境以及推动中介机构发展上。为了提高社会各界对航空产业以及协同创新的认识，地方政府需要充分利用宣传部门和媒体中介强化通航产业产学研协同创新的意义、作用。营造大力发展通航产业产学研协同创新的氛围，促进协同创新健康发展。此外，政府需要扶持并推动各类中介机构的发展与完善。中介机构能为合作创新的顺利展开铺平道路，减少并缩短各合作成员之间的磨合期。科技成果的转化、研发资金的供应、研发人才的汇聚、咨询服务的提供等都需要中介机构发挥作用。

10.2.4.2 高校与科研院所

在通航产业园“产—学—研—政—企”协同创新建设中，高校无疑是非常关键的一环。高校承担着人才培养和科技研发任务，具有整合知识创造、知识加工、知识应用并传播的作用。在通航产业园产学研协同创新中，高校和通航产业园（航空类企业）发展之间的交流与互动，能够有效促使人才资源与生产资源相结合，使高校的人才资源能够源源不断地输送到企业，从而加快航空类企业不断实现技术创新，建立并保持竞争优势。从这个方面来看，高校可以称得上是通航产业园产学研协同创新的“摇篮”。

科研院所作为通航产业园产学研协同创新中的又一个重要的因素，在发挥自身科研作用的同时，弥补着高校的不足。科研院所具有非常丰富的智力资源，其无形资产构成了它的主要资产。

高校与科研院所在通航产业园产学研协同创新中的具体作用有以下几点：

（1）资源整合和优化

通航产业园产学研协同创新中高校可以依托各自的学科优势，与国内外先进高水平的航空类大学开展合作；引进国内外航空企业、航空类院校先进的技术、知识、设备等资源；汇聚高技能创新人才，建立各成员间资源共享模式；促进组织内和组织间的学习与交流，进一步整合和优化资源，为通航产业园的快速发展打下铺垫。

（2）人才培养和交流

国内外的经验告诉我们，无论是高新技术行业还是传统行业的发展与成功都离不开人才。因为优秀的人才是先进科学技术的载体，他们不仅是知识的运用者，同时也是知识的创造者。高校在产学研协同创新中一方面可以整合师资资源，针对通航产业园产学研协同创新的不同需求，有针对性地进行人才培养和培训工作，为通航产业园的高速发展提供人才保障和智力支持。另一方面高校还可以依据产业特色定向培养各类人才，针对通航产业的特殊需求，高校可以定向培养航空方面的人才，如航空技术研发人员、飞行员等。

（3）产品技术研发

科研院所与高校一样，拥有非常丰富的人才资源，所以科研院所可以利用高校早期的科研技术成果，对其进行加工和再研发。与此同时，科研院所能够整合通航产业园产学研协同创新中各成员的技术、人才、资源等进行开发和研究，其整合与优化资源的能力也丝毫不逊色于高校，二者在合作创新中相辅相成，缺一不可。

（4）科研成果孵化

通航产业园产学研协同创新的发展，最终还是要靠落地的实际产品成果，所以必须将产品技术、科研成果向产品转化。科研院所拥有先进的科研设备与高科技人才，可以建立多途径、多去向的科技成果转化模式，打造产品孵化平台，实现航空产业转型升级快速发展。高校与科研院所的作用示意图如图 10-3 所示。

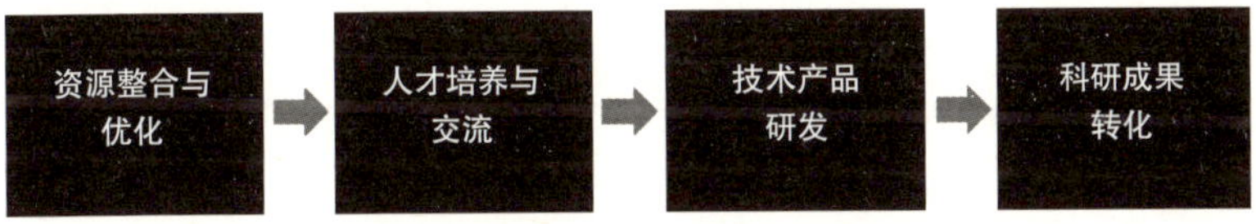

图 10–3　高校与科研院所作用示意图

10.2.4.3　企业

企业作为通航产业园产学研协同创新的核心，在产学研协同创新的组建、运营等环节中都发挥着巨大的作用。一方面企业是通航产业园产学研合作创新的持久动力，协同创新的技术成果最终要在企业里面形成产品，最终推向市场赢得利润，进而将利润又持续不断地投入产学研中，形成良性循环，所以说企业是通航产业园产学研协同创新的动力源泉；另一方面，企业作为通航产业园产学研协同创新的主体，承担着投资、运营、市场维护等重要功能。通航产业园产学研协同创新中企业除了具有一般合作创新中企业的作用之外，还有以下作用：

（1）建立工程化平台，开展试飞试制实验

通航产业工程化平台应当面向经过筛选后的高校科研航空产业学术研究成果，以团队建设目标为出发点，以向现实生产力的转化为落脚点，将科研成果转化为市场经济要素，使科研成果促进联合创新中心的发展。技术研发与科技成果的转化才是打造工程化平台的第一步，技术研发与科技成果是打造工程化平台的基础。在实现技术突破之后，要对技术成果进行进一步实验，将科研成果产品化进而产业化，这才是打造工程化中心的最终目的。通航产业园产学研协同创新从飞机的试制试飞入手，大力研究试制试飞技术，为通航产业的进一步发展做出贡献。

（2）打造中心运作平台

为促进通航产业的发展，航空企业在联合创新中不仅要大力打造工程化平台，进行飞机航材、零部件的研发试验和整机制造，同时应加速打造通航产业中心运作平台，完成飞机的设计、实验、试航等相关技术研发与实验。打造中心运作平台的目的在于整合企业资源和技术，实现飞机制造过程中的技术研发与技术突破。

（3）构建企业间的产业联盟

当今的企业竞争已不再是单个企业的竞争，而是产业链与产业链之间的竞争，构建产业链战略联盟是取得竞争优势的有效保障。通航产业作为高新技术产业，具有长产业链、高技术含量、投资大等特点。自主创新的投入大、风险高、周期长，使得通航产业逐步呈现出全球分工布局的趋势，通航产业链越来越长，分工越来越细，内部的合作越来越紧密，区域产业集群现象日益突出。通航产业仅凭一个企业的力量很难打造出具有竞争力的优势，将整个区域的企业合理统筹起来，以产业链为基础打造产业联盟，才能高效地发挥联合创新平台的创造力。

10.2.4.4 科技中介

科技中介机构是通航产业园产学研协同创新高速发展不可或缺的组织要素，也是促成企业以及企业之间、高校/科研院所、金融机构之间、政府部门共同进行技术创新的重要力量。科技中介机构属于科技服务体系，对于提高技术创新能力，加速科技成果转化，大力推进科技与经济的结合有重要的作用。科技中介机构在通航产业园产学研协同创新中的作用主要有以下几个方面。

（1）科技中介机构是产学研协同创新的桥梁和纽带

科技中介机构作为通航产业园产学研协同创新中企业、高校、科研院所以及政府之间桥梁与纽带，是促进高校知识技术转移与企业技术创新的有效办法，同时也是技术成果的发源地。通过科技中介机构，产学研中各实体能够各司其职，各自发挥自己的优势，从而提高将优势资源转化为生产力的能力，把企业原先的科技设想转变为现实的科技。随着通航产业园产学研协同创新组织模式不断的变化和复杂化，产学研协同创新各成员之间的合作程度不断提高，分工越来越细，科技中介机构在其中的作用将越来越重要。图 10-4 为科技中介机构参与产学研协同创新模式图。

（2）科技中介机构的发展是企业发展的源动力

当今中国已经步入自主创新为主导的发展阶段。实现自主创新就必要依靠科技进步与创新，科技中介机构是各类创新实体的助推器，是实现技术创新转化为企业效益与竞争力的重要环节。企业发展必须要创新，唯有创新才能提高企业的核心竞争力。科技中介机构的发展能够有效地促进通航产业园内部企业实现自主创新，成为企业发展的源动力。

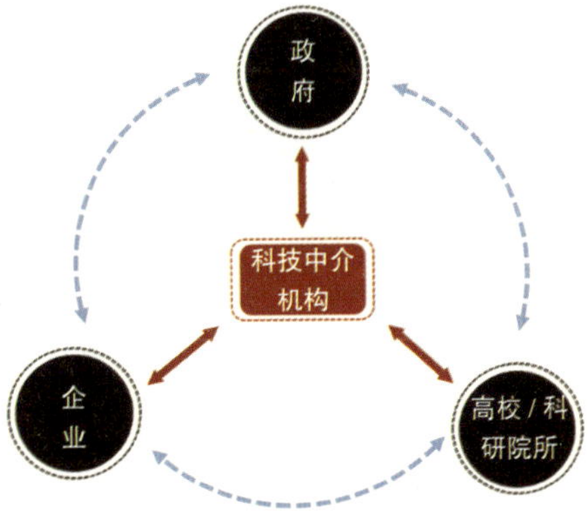

图 10-4　科技中介机构参与产学研协同创新模式图

（3）科技中介机构能够进一步弥补高校职能

科技中介机构可以有效地整合和组织高校的科技资源，进行开发和创新。由于中介的独特性，一方面科技中介机构可以扩散行业共性技术，参与企业的科技创新，另一方面可以促进高校知识技术的转移，加强高校与企业、科技、教育与经济的联系，有效地弥补了高校的社会职能。

（4）科技中介机构与政府关系密切

科技中介机构需要特殊的政策与法律给予支持和保护，才能得到快速的发展。所以科技中介机构与政府部门之间存在紧密的联系，其发展离不开政府政策的支持和引导。政府可以通过制定规范的政策，采取有效的措施，促进中介机构的持续快速发展。

总而言之，科技中介一方面可以优化通航产业园内部的创新环境，提高创新主体的创新能力，协调航空类企业与政府部门之间的关系，规范市场行为；另一方面科技中介可以加速科技研发成果向产业转移，运用市场自身的调节功能，实现生产要素与生产资源的优化配置，以较低的交易成本为技术创新主体提供专业化的服务。

10.2.4.5　金融机构

通航产业园产学研协同创新的发展与建设都会面临资金不足、融资渠道短缺等问题，资金问题很可能成为制约协同创新与通航产业建设和企业发展的瓶颈问题。金融机构可以从以下几点发挥其对通航产业园产学研协同创新的作用。

（1）完善投融资政策

金融机构作为通航产业园产学研协同创新的资金保障机构，必须建立起科学有效的运行机制，结合市场化运作模式，确保长期稳定发挥作用。政府则需要完善财政支持政策，出台鼓励创业投资、担保机构入驻的相关政策。大力引进、聚集各类投融资机构以及投融资高级人才，鼓励投融资机构在通航产业园内拓展业务，搭建服务平台，形成信息网络，促进科技、金融产业相结合，促进投融资体系迅速组建，调动和保护创业者和投资者的利益和积极性。

（2）建立科技创业基金

金融机构可以投入一定的引导资金，鼓励通航产业园区内企业参股，建立、吸引并整合产业园内外的科技扶持资金、创业投资资金和担保机构的资金，实现合理优化配置，充分放大引导资金的作用，来调动市场资金、社会资金，建立科技创业基金，为通航产业园产学研协同创新的发展提供一定的资金支持。

（3）建立企业信用体系

金融机构可以建立信用体系，使通航产业园产学研协同创新的信用体系市场化、规范化。以缓解中小企业融资难为切入点，通过信用制度的建设，改善区域信用环境和投融资环境，促进科技型中小企业快速发展。另外，引导企业严格按照现代企业管理制度要求，规范经营，形成内外部约束机制，强化信用观念，多方提高信用等级。

10.2.5 合作模式

10.2.5.1 按主导方分类

通航产业园产学研协同创新的模式按不同的分类标准可以有很多的分类形式，按照产学研协同创新主导方的不同可以分为政府主导、企业主导、高校 / 科研院所主导三类。

（1）政府主导型

政府主导型的产学研协同创新模式，主要是指政府在产学研协同创新中起主导作用，具有统一协调、决策指挥的功能。此种模式中，政府、企业、高校、科研院所均是协同创新的主体，但政府起到主导作用，其统筹协调功能非常重要。图 10-5 为政府主导型的产学研协同创新模式图。

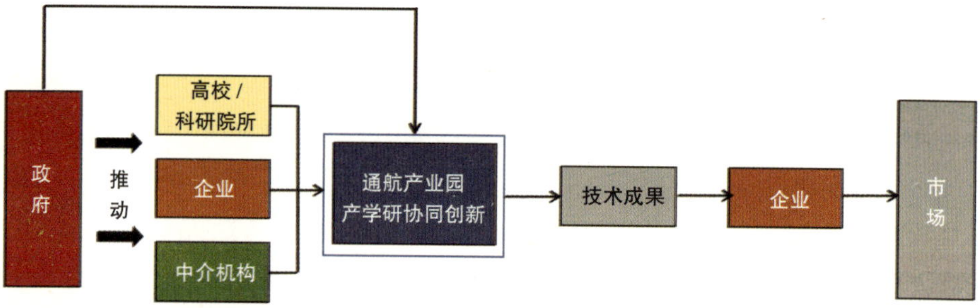

图 10–5　政府主导的产学研协同创新模式图

（2）企业主导型

企业以追求利润最大化为目标，但是由于企业自身的研发和创新能力不足，企业会寻求与高校、科研院所合作。航空类企业之间一方面存在着研究领域与研究方向的差异，另一方面也面临着创新能力不足，创新型人才匮乏的局面。在这种模式中，企业占据着主导地位，主持技术研究和科技创新，统一调配资源，分配风险。高校、科研院所在其中只负责配合企业的作用，为协同创新的正常运作提供必要的人力支持与技术支持，弥补企业的不足。政府则提供一些政策与法律上的支持。图 10-6 为企业主导的产学研协同创新模式图。

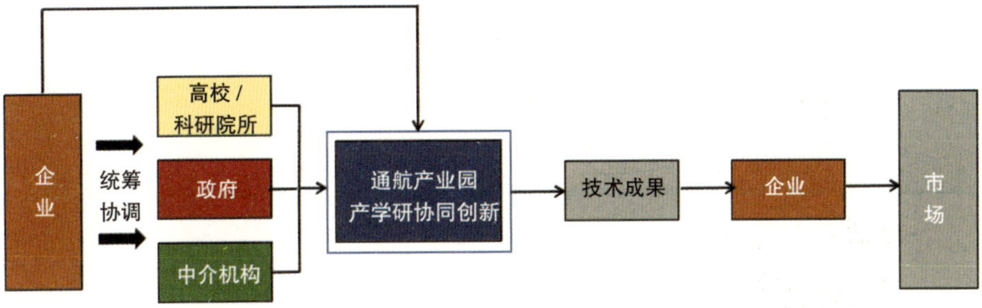

图 10-6　企业主导的产学研协同创新模式图

绍兴新昌县万丰通航小镇是以万丰奥特控股集团为主体开发的，是典型的企业主导型产学研模式。万丰奥特控股集团是万丰通航小镇的开发主体，其在汽车部件、机械装备、新能新材等制造业领域发展势态良好、人才技术成熟。目前在铝轮毂、镁合金和涂覆三个细分行业内实现全球领跑。万丰奥特控股集团在汽车部件、机械装备、新能新材等制造业领域拥有多种成熟的国内外相关科研机构与平台（图 10-7）。

此外，万丰奥特集团与当地政府合作，建立人才培养机制，助力人才生态体循环“生生不息”。设立工商学院，用以满足万丰奥特集团产业发展教育需求。设立航空学院，开展航空职业技术教育和培训。建设国内外专家、高级技术人员、VIP 飞行爱好者、创客的居住小区，留住通航产业科研人才（图 10-8）。

（3）高校与科研院所主导型

高校与科研院所主导的通航产业园产学研协同创新模式主要是指高校或科研院所对资源进行整合，将自身的研发成果产品化、产业化的过程。具体可以分为两种方式，一种是高校、科研院所与企业共建实体，进行组织经营；另一种是高校与科研院所将自己的科研专利转让给企业，以技术入股的方式成为股东。图 10-9 为高校与科研院所主导的产学研协同创新的模式图。

通航产业是一种高技术、高创新、高投资、高风险、周期长的产业，所以通航产业园产学研协同创新一般由政府来主导。政府在通航产业园产学研协同创新组建阶段，扮

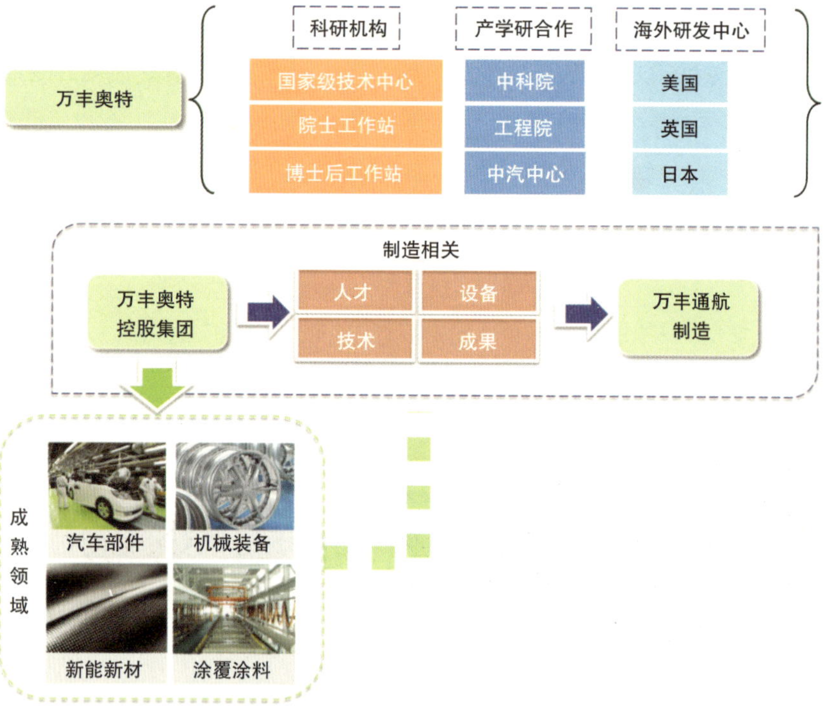

图 10-7　浙江万丰航空小镇产学研模式

图 10-8　浙江万丰航空小镇产学研基础设施

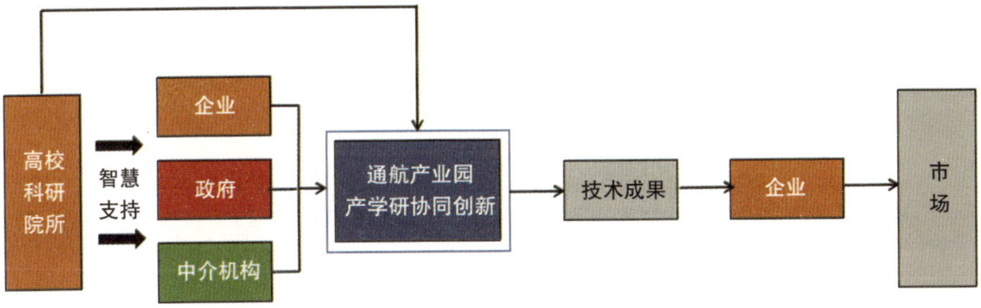

图 10-9 高校与科研院所主导的产学研协同创新模式图

演推动的角色：一方面出台对通航企业利好的相关政策，包括土地政策、税收政策等，吸引企业入驻通航产业园，另一方面主动沟通高校 / 科研院所给予丰厚的福利待遇，推动双方达成协议，组织通航产业园产学研协同创新。在运营阶段，政府则起到了协调指挥的作用，整合协同各种创新资源，使其得到合理的配置，使创新效率达到最高。可见政府在航空产业园产学研协同创新整个过程中都起着非常重要的作用。对于这种高风险、高投资、与国家政策息息相关的产业必须由政府牵头，进行统一协调和管理。

10.2.5.2 按紧密程度分类

按照产学研协同创新成员合作的紧密程度可以分为委托开发、合作开发、共建实体三种类型。

（1）委托开发型

委托开发型，顾名思义，指的是航空类企业根据自身的实际情况，对自己不能完成的科技创新项目，委托有能力的高校或科研院所进行科技创新的产学研协同创新模式。在这种模式下，企业一方可以在自身没有科研能力的情况下，实现技术、产品创新；高校与科研院所一方则可以获取相应的利益。

（2）合作开发型

企业与高校、科研院所以合同或契约的形式，共同提供技术、研发设备、资金、人员进行项目研究的合作模式称为合作开发模式。这种模式下，企业一方不仅可以实现技术与产品的创新，并且可以通过合作，提高本身的科技研发实力；高校与科研院所同样可以在培养优秀的人才队伍的同时，获得一定的收益。

（3）共建实体型

共建实体模式是一种比较高端的产学研协同创新合作模式。在该模式中，企业、高校与科研院所共建经营实体，集中各方的优势资源，合理配置，实现项目合作。在共建实体的情况下，企业、高校与科研院所合作紧密，相互依赖，在实现技术、产品创新的同时，能够达到合作利益的最大化。

这三种模式，各自有自身的优缺点，根据不同的实际情况，选取合适的合作模式，将会给产学研协同创新带来意想不到的效果（表10-2）。

产学研协同创新不同合作模式的特点与适用条件　　表10-2

合作模式	模式特点	适用条件
委托开发	1 合作仅限于技术流通领域 2 合作对象具有较强的选择性 3 企业需要支付技术转让费 4 技术成果转化为产品的时间短	适合中小型企业，且技术创新的资金有限
合作开发	1 合作各方共同运营研发、利益共享、风险共担 2 合作领域扩大到生产、销售、资金方面 3 契约内容不完善或操作不规范，容易造成矛盾	合作双方都具有一定的科研与经济实力，企业规模不能太小
共建实体	1 资源共享、优势互补，提高合作的质量与效率 2 有利于保持长期稳定的合作关系 3 一般合作项目的周期比较长 4 管理风险、运营成本相对较高	大规模企业，资金和技术基础雄厚

依据企业、高校与科研院所、政府部门以及中介机构的合作紧密程度来划分，通航产业园产学研协同创新属于合作开发型。在航空产业园产学研合作创新中，通航类企业与高校就某项技术创新展开合作，期间高校与企业共同提供研发经费、研发设备、研究人才，共同承担风险并分享利润。它们之间的合作不仅仅局限于技术研发领域，在技术成果转化为产品之后，在营销方面二者也会展开合作。随着技术的进步与发展，未来通航产业园产学研合作创新模式将会发生改变，现在的合作开发模式逐步会发展成为共建实体的合作模式。在这种模式下，各方的合作关系更加紧密，合作领域更加广泛，将会更适合通航产业的发展与进步。

10.3　创新圈层网络模式

通用航空作为高新技术产业，通航产业园是城市创新产业的空间集聚体，园区的发展日益呈现出网络化特征，形成产业集群所根植的社会关系、制度结构和文化土壤交织的网络复合系统。园区功能也从单纯的生产空间和产业载体，逐步转向基于“产业共生环境导向”的多元复合型功能。

10.3.1　概念定义

创新圈层网络的定义是在通航产业园内，以通航及其相关企业为代表的高新技术企业为核心，以技术创新、研发增收为目的，由企业、高校及科研机构、中介服务机构、金融机构和地方政府等组织，在长期正式或非正式交流中形成的相对稳定、相互依存关系的总和。

通航产业园为“创新圈层网络”的构建提供空间载体。通航及其相关产业客观上存在集群的需求，通航产业园区作为通航产业发展的良好载体，能够为区内创新企业提供独特的发展环境。企业是“创新圈层网络”组织中的行为能动主体。企业创新的能动性，不仅体现为参与经济活动的单个企业或企业簇群的技术创新，而且体现为集群内外的企业与其他创新组织的开放性联系和创新性互动，从而共同推动集群整体的发展。

10.3.2　网络构成

基于上述定义，著者将集群主要参与主体——地方政府、高新企业、中介组织、科研院所和金融机构，作为网络节点进行研究（表 10-3）。

创新圈层网络的构成节点　　表10–3

创新网络节点					创新圈层网络构成
通航企业	科研院所	中介组织	地方政府	金融机构	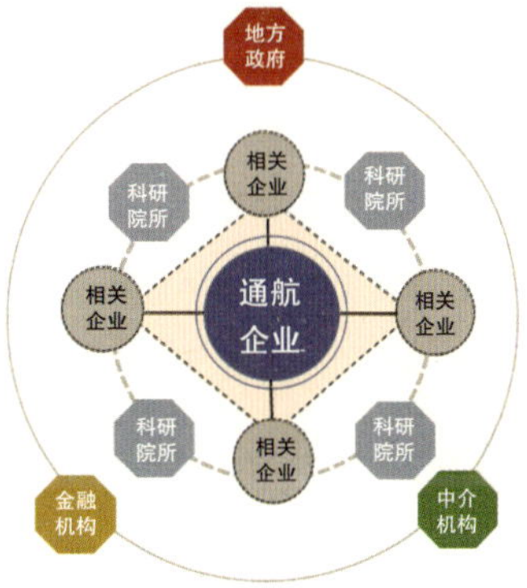
创新主体	创新来源	创新协调	创新推动	创新支持	

从微观经济学的角度看，“创新圈层网络”在很大程度上是指区域内的各种机构如何在研发活动中合作，技术、信息等资源如何在各个经济主体之间扩散等。从技术创新的角度看，通过辨析节点对网络创新贡献率的高低，可将节点进行分类，并将其归属于 3 个次级从属网络（表 10-4）。

（1）企业是参与创新活动最直接的主体，是“创新圈层网络”中最重要的节点，发挥着主体创新作用，归属于创新主体圈层；

（2）高校、科研院所为创新来源，是整个高新技术产业集聚区内企业集群网络提升竞争力的关键，归属于创新核心圈层；

（3）中介组织、地方政府和金融机构为网络提供知识流、技术流、人力资源流、信息流等生产要素的支持，相互联系构成整个“创新圈层网络”的支撑系统，归属于创新支撑圈层。

创新圈层网络的节点从属网络　　表10-4

创新圈层网络三圈层		
创新主体圈层	创新核心圈层	创新支撑圈层
通航企业—通航相关企业	企业—高校—科研院所	地方政府—中介机构—金融机构

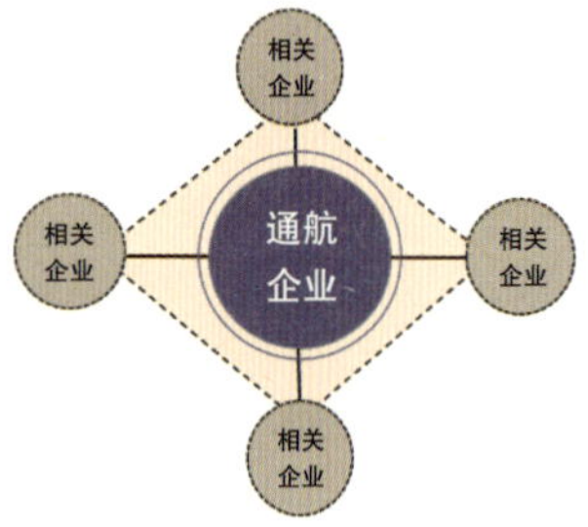

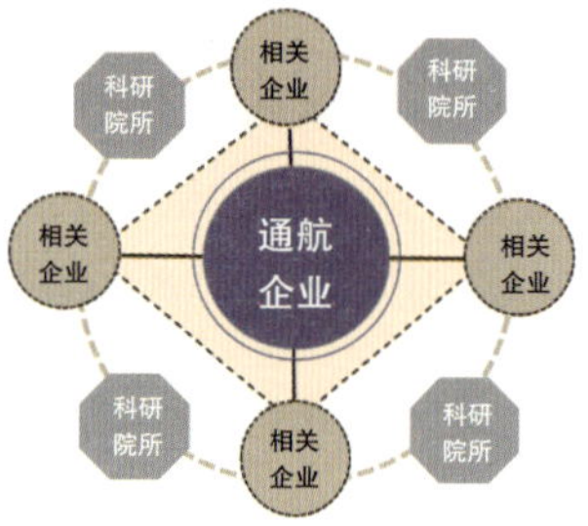

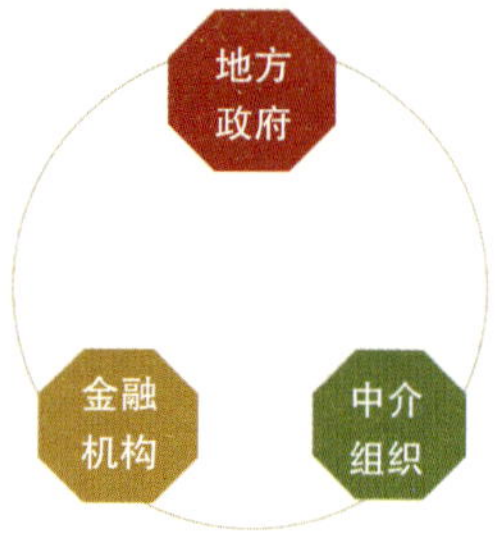

10.3.3　网络组织

著者从网络联系和网络成长两个方面研究网络组织。

10.3.3.1　网络联系

关于网络联系，研究从企业（产业的微观表征）视角切入，考虑企业是实现和推动网络专业化及规模经济的核心创新力量，从相互联系机制、信息交流方式、空间响应三个方面（表10-5），着重探究网络式的产业合作组织，包括：

（1）企业间的联系；

（2）企业与其他组织节点之间的联系。

创新圈层网络的联系与空间反映　　表10-5

圈层	网络要素		节点联系		空间响应
	网络节点	节点网络	相互联系	信息交流	
创新主体圈层	通航企业	创新主体	渗透式“竞争—合作”关系	行为互动和资源共享	区位接近式聚集，多元化路网
创新核心圈层	科研院所	创新来源	接触式，非正式交流	高效信息流传递	考虑区域用地协调
创新支撑圈层	中介组织	创新协调	联系科技和经济的纽带	提供服务、高效传递信息	聚集于环境优美地区，承担协调宣传作用
	地方政府	创新推动	正式性、创新政策发布	引导信息传递，优化制度环境	当地“一站式”行政服务中心
	金融机构	创新支持	层级式垂直一体化联系	信息流传递，资金流组织	层级式聚集，地租论范式布局

10.3.3.2　网络成长

网络成长是指创新节点的产生、成长、成熟的过程。基于共同的社会文化背景和信任基础上的非正式联系，以及发生在市场交易或知识、技术等创造过程中的正式合作联系，推动着“创新圈层网络”的动态演化和更替形成（图10-10）。

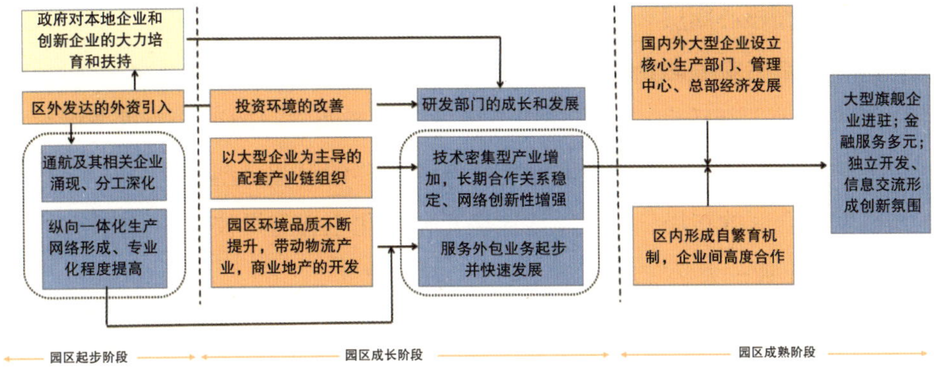

图 10-10　基于园区成长视角的创新圈层网络联系机制

10.3.4　三圈层体系

全球化、创意化和信息化进程的快速推进，使得传统的产业规划愈来愈暴露出不适应产业发展需求的问题。为了更好地应对高新产业发展的不确定性，笔者提出“规模—网络—布局”的弹性规划流程,即由规划区产业用地规模来决定各类创新圈层的网络规模，再由网络组织来决定网络节点的空间布局，进行“三圈层体系”产业布局。

10.3.4.1　创新主体圈层

创新主体圈层中的主要联系是企业间的基于本地化横向结网和全球化纵向结网的交织。首先是本地中小型企业基于本地化横向结网进行生产；其次是随着新技术的引进及基本实现标准化，本地大企业通过掌握先进技术，将成熟的技术或标准化技术转包给中小企业，最终实现大企业与中小企业基于全球化纵向联系的本地结网。

创新主体圈层的设计内容包括各类企业集群的片区划分，以及对应各片区设置片区层级的科研孵化中心、学习交流平台。大企业掌握核心技术和品牌，处于企业组团的核心；中小型企业由于能力、规模和经济活动地理范围的限制，处于企业集聚区的边缘（表 10-6）。

创新主体圈层的产业布局要点　　表10-6

圈层	网络节点	主要联系	设计区域举例	空间组合关系
创新主体圈层	通航企业—通航相关企业	“企业—企业”：本地化横向结网、全球化纵向结网	大型通航企业组团	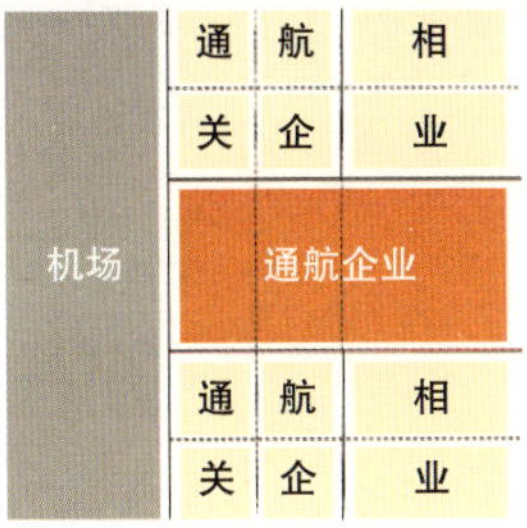
			通航相关企业组团	
			与区域外创新中心对接平台	
			与区域外企业的学习、交流平台	

10.3.4.2 创新核心圈层

创新核心圈层主要考虑企业与大学或研究机构的链接，重视彼此之间联合形成的复合组织，推进技术创新活动，发挥知识溢出效应。产业空间的设计着重考虑技术转让、合作开发、联合培养、共建产学研联合体等知识转移的过程。创新核心圈层设计重点考虑生产、研发混合区的布局，考虑园区层级科研孵化中心与学校、科研院所的技术交流和联系，设置"企业—大学"产学研基地等（表 10-7）。

创新核心圈层的产业布局要点　　表10-7

圈层	网络节点	主要联系	设计区域举例	空间组合关系
创新核心圈层	企业	"企业—学校—科研院所"空间邻近	"通航—学校"产学研基地	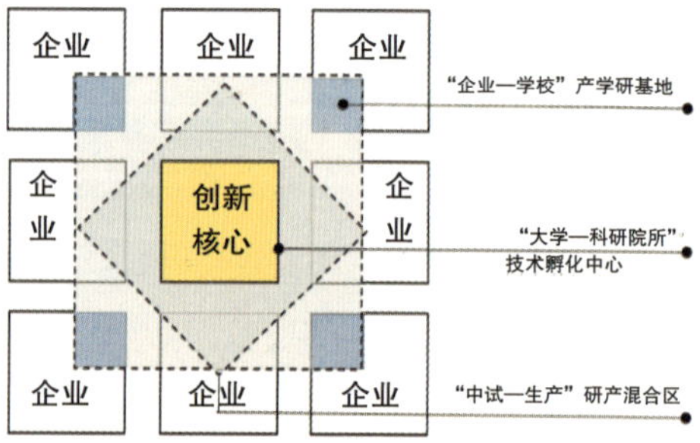
	学校		"中试—生产"研产混合区	
	科研院所		"大学—科研院所"技术孵化中心	

10.3.4.3 创新支撑圈层

创新支撑圈层中的主要节点，如地方政府，主要通过非空间手段影响企业（以创新项目推介和政策制定为主），在空间上表现为与企业的非必要性邻近。因此，创新支撑圈层设计主要考虑入驻园区的相关机构的布局，打造"政府—中介—金融"创新功能复合区，包括"区域—园区—片区"各级别的公共交流平台和活动节点、金融等各类服务设施和提供信息中介服务的场所（表 10-8）。

创新核心圈层的产业布局要点　　表10-8

圈层	网络节点	主要联系	设计区域举例	空间组合关系
创新支撑圈层	地方政府	"企业—中介机构"、"企业—地方政府"、"企业—金融机构"、空间非必要性邻近	行业协会	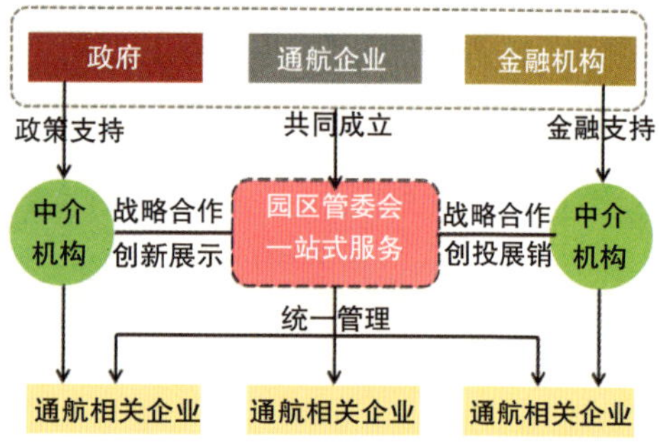
			企业会馆	
			创新展示平台	
	中介机构		创投展销平台	
			公共交流基地	
			园区管委会	
	金融机构		一站式服务中心	
			区域 CBD	
			本地金融分支网点	

结 论

随着新通用航空管理办法的实施和通用航空市场准入的放松，特别是《通用航空飞行管理条例》《一般运行与飞行》等行业管理法规的相继出台和中国低空空域的逐步开放，中国通用航空产业将得到更快发展，迎来自己飞速发展的春天。在此背景下，我国通航产业园的规划方兴未艾，目前在十几个省市都已建有一定规模的通航产业园。通航产业园本质上是产业地产的一种类型，即临空产业地产。本书从产业地产视角，对通航产业园规划做了一些基础研究，得到了以下结论：

（1）通用航空产业园要保持持续、健康稳定的发展，离不开其在行业内以及区域范围内的竞争力。其竞争力体现在所在城市的经济基础条件、园区的交通区位与基础设施条件、园区内部产业聚集程度、政府与相关金融机构提供的资金与政策支持以及园区内部后期组织运营实现产业增值的能力。以上构成了园区发展的硬件条件与软件条件，并将指导园区的规划设计、建设招商以及后期运营的整体工作。

（2）著者在分析通航产业园竞争力因素和通航产业园产业布局影响因素的基础上，针对通航产业园区产业布局的特殊性，构建了一套基于产业集群的通航产业园区产业布局评价指标体系。体系分为5个一级指标和32个二级指标。在具体评价的操作中，考虑通航产业园区产业布局评价指标体系中各个指标是非独立的网络层次结构，并在各种绩效评价方法的适用性分析的基础上，使用层次分析法（AHP），即通过对一些经验丰富的专家进行问卷调查，得出基于产业集群的通航产业园区产业布局评价指标之间的重要性程度比较，借助Super Decision软件完成将指标间的重要性程度比较计算为指标的权重的工作。得出在5个一级指标中园区基础条件（B1）和园区产业聚集（B2）所占的权重较大，是重点考察评价的方面。这与通航产业园区的发展核心不谋而合。然后，通过模糊综合评价法进行多因素之间的评判，得出计算结果来定量评价通航产业园区的产业布局合理性。最后，利用模拟的数据对该评价指标体系和评价方法进行验证，并得出了相应的结论。

（3）产业地产受政府政策的主导非常明显，因此需认真详细解读政府政策，从而把握制定发展的战略。具体到通航产业园，需要紧跟时代脉络，适应政策环境，因地制宜地选择适合通航产业园的发展战略。这需要基于内外部环境的判断，其中内部环境包括产业发展概况、该地区发展通用航空的基本条件以及该地区的建设情况；外部环境则包括全球、全国、区域的行业环境情况。再结合具体的情况进行地区建设通航产业园的SWOT分析，即分析机遇和优势，困难和阻力。从而制定战略目标，明确功能定位，实现战略的选择。最后，还需对发展战略进行详细拆解，制定发展路径，即发展的具体时间表和步骤,明确每个发展阶段的发展任务和实现途径。发展战略的制定有利于统一思路，从战略层面明确在各个层次发展的深层次目标，实现发展力量的集结以实现最终的发展蓝图。

（4）产业地产的核心是产业发展。产业规划是一项专业性很强的工作，产业规划需要回答发展什么及如何发展的问题。设计具备指导意义的产业规划方案，明确选择哪些产业，吸引哪些企业，指导如何吸引投资，如何运营管理。具体到通航产业园进行产业定位与选择时，首先应明确总体的产业定位和发展目标，这是与发展战略一脉相承的。之后从产业驱动的模式、战略方针、产业辐射的范围制定产业发展的思路。然后进行产业的选择，按照产业发展的必要性、成功率和及时性甄选分类重点发展、可以发展、择时发展以及不发展的产业，共计四类，以构成园区的产业体系。同时用以指导产业发展分期目标和路线图，有组织、分时段地逐步完成产业布局，丰富产业链，实现产业集聚。

（5）产业地产自身具备增值性。要实现产业增值可从硬件设施入手，这涉及通航产业园区的空间布局层面的内容。将通航产业园的空间形态规划控制体系按空间层面类型归类，形成“宏观——中观——微观”三个层面的规划控制内容，其规划内容包括空间布局、产业规划、交通组织、城市界面、景观系统、建筑形态、环境保护等方面。进行空间布局规划时要注重：①选址布局与机场及其周边区域的功能分区相适应；②用地规模、功能分区、建筑形态等以产业特征为基础；③以交通运输为核心组织空间布局；④设施现代化、技术无污染，适应高新产业技术先进的要求；⑤受机场建设、航空限高、生态保护的限制，注重环境营造，开发强度较低。

（6）产业地产要实现增值需要提高通航产业园的管理运营水平，可以通过构建产学研创新合作网络实现。创新网络主体包括政府、大学、企业、科研机构、中介服务机构及其他利益相关者，是技术网络（如科研机构）、社会网络（如中介服务机构）及交易网络（如交易性组织）的集成。本书提出“三圈层体系”产业布局：创新主体圈层（通航及其相关企业）——创新核心圈层（科研院所）——创新支撑圈层（政府、金融机构、中介组织），并提出“规模—网络—布局”的弹性规划流程，即由规划区产业用地规模来决定各类创新圈层的网络规模，再由网络组织来决定网络节点的空间布局，形成“产、学、研、政、企、金”合作互惠平台，才是通航产业园长远发展之道。

参考文献

[1] 王靓，张莹 . 北京新航城交通规划研究 [J]. 规划师，2012（12）.

[2] 中国航空规划建设发展有限公司. 北京新航城空间规划研究 [Z]. 2011.

[3] 侍文君，边兰春. 未来之轴——北京南中轴的保护与发展 [J]. 北京规划建设，2012（2）.

[4] 郭璟坤，胡赵征 . 北京新航城临空经济区发展规划研究 [J]. 规划师，2012（12）.

[5] 欧阳杰，李旭宏. 航空城发展的动力机制及其综合开发模式 [J]. 规划师，2009，（11）: 96-101.

[6] 金忠民. 空港城研究 [J]. 规划师，2004（2）.

[7] 胡赵征，李守旭 . 临空经济区空间发展模式及趋势展望 [J]. 航空工程建设，2015（2）.

[8] 李乃彬 . 边缘城市对临空经济区的影响及其机制研究 . 现代城市研究，2012（8）.

[9] 李国政 . 从城市的边缘到经济的中心：临空经济演进的动力机制与圈层结构 [J]. 现代城市研究，2013（4）.

[10] 曹江涛 . 临空经济区与区域经济发展的互动关系研究 [D]. 南京：南京航空航天大学，2007.

[11] 许学强，周一星，宁越敏. 城市地理学 [M]. 北京：高等教育出版社，1997.

[12] 徐海贤. 都市圈空间规划模式研究 [J]. 城市规划，2003（6）.

[13] 魏清泉. 区域规划原理和方法 [M]. 广州：中山大学出版社，1994.

[14] 丁勇，苟大舜 . 基于产业链视角下临空经济和航空经济的比较 [J]. 郑州航空工业管理学院学报，2013（6）.

[15] 曹允春. 临空经济 [M]. 北京：经济科学出版社，2009.

[16] 吴金明，邵昶. 产业链形成机制研究 [J]. 中国工业经济，2006，（4）: 36-44.

[17] 尉永久. 基于产业集群理论的临空产业区航空产业发展战略研究 [D]. 天津大学，2008.

[18] 程程，邸振权 . 临空产业划分及其特征研究 [J]. 产业与科技论坛，2012（11）.

[19] 临空经济发展战略研究课题组. 临空经济理论实践探索 [M]. 北京：中国经济出版社，2006.

[20] 薛强，张玉明，徐嘉伟，柯生灿，吴宏刚 . 中国空域管理改革背景下的通航产业机会与挑战 [J]. 民航管理 .

[21] 黄芬 . 低空空域管理改革与通用航空发展研究 [J]. 航空航天科技创新与长三角经济转型发展论坛论文集 .

[22] 石七林 . 产业地产的发展方式及策略 [J]. 现代城市研究，2015（1）.

[23] 马克斯·韦伯 . 工业区位论 [M]. 北京：商务印书馆，1997.

[24] 马世晓 . 产业地产项目经济评价的系统动力学方法研究 [D]. 天津：河北工业大学，2012.

[25] 王新红 . 产业地产开发模式发展对策研究 [D]. 北京交通大学，2011.

[26] 李勇，骆汉宾．房地产开发模式研究 [J]. 当代经济，2006（1）.

[27] 吴杰．论中国园区地产的特点及发展模式选择 [J]. 科技管理，2007（12）.

[28] 夏书娟．产业地产的发展趋势及投资风险研究 [D]. 中国海洋大学，2013.

[29] 王世文，贝政新．商业地产企业盈利模式发展现状及趋势分析 [J]. 企业经济，2010（7）.

[30] 亚德里安·斯莱沃斯基，大卫·莫里森，劳伦斯·艾伯茨．利润模式 [M]. 北京：中信出版社，2002.

[31] 张浩民．房地产业典型盈利模式及关键成功因素研究 [D]. 东南大学，2006.

[32] 向良玉．产业地产企业盈利模式影响因素分析 [D]. 重庆大学，2015.

[33] 沈捷．我国产业地产发展概述及对策建议 [J]. 建筑经济，2010（12）.

[34] 世联地产．工业园晋级城市战略 [M]. 北京：机械工业出版社，2009.

[35] 陈蓓蓓．我国通用航空产业及产业链研究 [D]. 南京航空航天大学，2013.

[36] 张军．搭建我国通用航空业发展的法制政策平台 [J]，交通企业管理，2009（10）.

[37] 王有鸿，费威．我国通用航空产业发展探析——以私人飞行俱乐部为例 [J]. 未来与发展，2011.

[38] 朱李鸣，阎逸．发展浙江轻型通用飞机制造业——关于浙江省建设轻型飞机产业园的思考 [J]，浙江经济，2007：34-37.

[39] 李桢，孙瑜．江苏省通用航空发展分析 [J]，现代交通技术，2012（9）.

[40] 欧阳杰，陈晨．天津通用航空产业发展战略研究 [J]. 城市经济，2011.

[41] 王惠生．国外通用航空运行及未来发展趋势 [J]. 民航经济与技术，2000（224）.

[42] 祝明姣．基于钻石模型的航空运输产业链研究 [D]. 天津：中国民航大学，2008.

[43] 耿建华，王霞等．通用航空概论 [M]. 北京：航空工业出版社，2007.

[44] 邹春燕．国内外产业链理论研究概述 [J]. 长江论坛，2011（108）.

[45] 郁义鸿．产业链类型与产业链效率基准 [J]. 中国工业经济，2005（11）.

[46] 李翱．中国通用航空产业发展研究 [D]. 中国民用航空飞行学院，2014（6）.

[47] 柏艺琴，陈广承．中美通用航空飞行员发展现状分析 [J]. 中国民用航空，2012（10）.

[48] 谢智辉．通用航空——民航强国之一翼 [J]. 中国民用航空，2005（7）.

[49] 蔡中长，李杰．通用航空发展对农村经济的影响 [J]. 中国集体经济，2011（07）.

[50] 王虹．通用航空的收益管理 [J]. 中国民用航空，2003（28）.

[51] 陈程．通用航空产业发展法律环境研究 [D]. 南京：南京航空航天大学，2010.

[52] 高红．开放低空的好处何在 [J]. 交通与运输，2011（39）.

[53] 蔡菊芳，李酽．我国通用航空人才培养体系建设的思考 [J]. 科技信息，2006（5）.

[54] 李爱文．对通用航空企业内部控制的思考 [J]. 会计师，2010.

[55] 奚望．航空产业园规划风险识别与控制研究 [D]. 南京航空航天大学，2014（3）.

[56] 冯晓平．基于资源的区域通用航空机场发展研究 [J]. 南昌航空大学学报（社会科学版），2012（2）.

[57] 于晶 . 我国通用航空人才培养方式分析研究 [J]. 职业教育研究，2011（6）.

[58] 高启明，金乾生 . 我国通用航空产业发展特征、关键问题及模式选择 [J]. 经济纵横，2013（4）.

[59] 于一，吕人力 . 通用航空发展新趋势：打造运营资源平台 [J]. 中国民用航空，2013（8）.

[60] 王秀莉 . 郑州通用航空试验区发展战略研究 [D]. 郑州：河南工业大学，2016（6）.

[61] 苏斌,王雅芳,周朝民 . 定量求解 SWOT 模型最优方法与决策效用 [J]. 技术经济与管理研究,2001(5).

[62] 葛慧明 . 层次分析法在专业技能评估中的应用 [J]. 无锡南洋学院学报，2008（7）.

[63] 丁建岚 . 基于 SWOT 及 AHP 的经营战略选择研究 [J]. 经营管理者，2011（1）.

[64] 周琦 . 广州市航空产业城空间形态规划方法与实践研究 [D]. 广州：华南理工大学，2012.

[65] 蔡文杰 . 广州市珠江滨水区开发标准初步研究 [D]. 华南理工大学，2006.

[66] 吴润榕 . 不同尺度对象的城市设计导则编制方法研究 [D]. 华南理工大学，2004.

[67] 李磊 . 城市设计导则纳入控制性详细规划的可行性研究 [D]. 天津大学，2009.

[68] 权丹 . 与城市设计相结合的控制性详细规划编制方法研究 [D]. 东南大学，2009.

[69] 戴科 . 重庆机场航空城规划和产业布局研究 [D]. 重庆大学，2009.

[70] 彭涛 . 广州新白云国际机场周边地区发展策略研究 [D]. 中山大学，2002.

[71] 李东 . 现代航空港空间设计理论研究 [D]. 天津大学，2004.

[72] 刘建峰 . 天津空港物流加工区规划发展策略研究 [D]. 天津师范大学，2009.

[73] 李明芳 . 区域中心城市临空经济发展战略研究——以杭州为例 [D]. 浙江理工大学，2009.

[74] 刘光全 . 重庆国际机场近邻区——渝北区空港经济综合开发研究 [D]. 重庆大学，2005.

[75] 程唯 . 高科技园的规划与设计初探 [D] 华中科技大学，2005.

[76] 广州市人民政府 . 广州空港经济发展规划纲要（2009-2020）[Z].

[77] 李健 . 航空产业园产学研协同创新利益分配机制研究 [D]. 南京航空航天大学，2015.

[78] 何郁冰 . 产学研协同创新的理论模式 [J]. 科学学研究，2012：02-10.

[79] 王进富 . 产学研协同创新机制研究 [J]. 科技进步与对策，2013：1-6.

[80] 张海滨 . 高校产学研协同创新的影响因素及机构构建 [J]. 福州大学学报，2013（3）.

[81] 徐静等 . 我国产学研合作动力机制研究 .[J] 中国科技论坛，2012：74-80.

[82] 李成龙 . 互动视角的产学研合作模式与合作过程研究 [J]. 科技进步与对策，2011：31-33.

[83] 吴绍波 . 我国产学研合作模式的选择 [J]. 科技管理研究，2009：90-92.

[84] 张玉强 . 政府介入产学研合作模式的比较研究 [J]. 科技管理研究，2009：53-55.

[85] 李娟等 . 以大学为主导的产学研菱形体系及合作模式研究 [J]. 科技创业，2011：4-6.

[86] 周珂慧 . 基于创新圈层网络的产业布局规划——以苏州太湖科技产业园为例 [J]. 规划设计,2012(09).

[87] 温锋华，沈体雁. 园区系统规划：转型时期的产业园区智慧发展之道 [J]. 规划师，2011（9）.

[88] 戴佳雯. 高科技产业网络特色之探讨 [D].（台湾）中山大学企业管理研究所，1999.

[89] 盖文启. 创新网络 [M]. 北京：北京大学出版社，2002.

[90] 雅萍. 高新技术产业集聚区创新网络构建研究 [J]. 合作经济与科技，2011（6）.

[91] 赵红专. 高新技术产业园区的产业集群与竞争力研究 [D]. 西北工业大学，2006.

[92] 王缉慈. 创新的空间：企业集群与区域发展 [M]. 北京：北京大学出版社，2002.

[93] 张庭伟. 国外规划研究高科技工业高新技术产业园区的选址及发展——美国经验介绍 [J]. 城市规划，1997（01）.

[94] 王锦秀. 产业集群竞争力评价指标体系研究 [D]. 广东省社会科学院，2007（6）.

[95] 杨丽莉 . 基于产业集群的物流园区产业布局评价研究 [D]. 北京交通大学，2011（6）.

[96] 陈涵毅 . 通用航空产业园规划环评影响识别及评价指标体系构建与实证研究 [D]. 华南理工大学，2012（12）.

[97] 梁琪 . 产业集聚论 [M]. 北京：商务印书馆，2004.

[98] 张得志，谢如鹤，李双艳. 组合评价法在物流园区选址中的应用 [J]. 武汉理工大学学报（交通科学与工程版），2006（5）.

[99] 史媛，杨茂盛. 基于灰色综合评价方法的物流园区选址研究 [J]. 商场现代化，2009（2）.

[100] 高远秀 . 基于模糊综合评价法的物流园区选址研究 [J]. 河北企业，2009（4）.

[101] 曾祥 . 基于 AHP 的铁路线路方案模糊综合评价研究 [M]. 北京：北京交通大学出版社，2009.

[102] 何志军等 .“两型”社会背景下的城市居住社区研究 [J]. 城市问题，2010.